Armonía Interior

Una búsqueda de nuestra propia realidad

Bautista

Armonía Interior

Primera edición digital julio 2016

© Juan B Mejía V

Autor-Editor

Colombia

Dirección electrónica:

nuevatierra.bautista@yahoo.com

Diseño de portada:

Sebastián Zuluaga Mejía

Aviso de exención de responsabilidad

El contenido de este libro, es el resultado de una exhaustiva investigación por parte del autor. Las orientaciones, recomendaciones, sugerencias y ejercicios, se han probado en la práctica con resultados positivos en todos los casos, y están dirigidos a fines informativos, didácticos y orientadores sobre la forma de utilizarlos y practicarlos, en los procesos personales explicados en esta obra.

El autor ha realizado el máximo esfuerzo, verificando que la información proporcionada en este libro sea correcta y actualizada, pero no se responsabiliza por: Errores, imprecisiones y/o aplicaciones erróneas del contenido de este escrito.

Mediante la lectura de este documento, el lector acepta que en ningún caso el autor es responsable de las pérdidas o daños que en forma directa o indirecta, pudieran surgir como resultado del uso inadecuado de la información contenida en esta obra, incluyendo pero no limitado a errores, omisiones e inexactitudes.

Índice

I. Preámbulo
II. Presentación
III. Introducción
1. La Divina Ley
2. El Libre Albedrío
3. Fuentes de desequilibrio del Ser
4. Dominar el mundo material y Cuidar el cuerpo
5. La poderosa energía de la Vida
6. El Ser humano Ideal
7. Despertar a la Luz
8. La felicidad
9. Amor verdadero
10. La dualidad de la energía
11. Cuidado con las palabras
12. La fuerza de los hábitos
13. Reeducarnos para vivir mejor
14. Mirando al futuro
15. Alquimia espiritual

16. Evolución
17. La Meditación
18. Conquistar la Armonía Interior
Notas
Bibliografía
Otras lecturas sugeridas

I. Preámbulo

Tu piedra

Tú tienes una piedra...
¿No lo sabías? Sí, mira:
En los bajos fondos de ti mismo, más allá de tu estulticia incrustada en el muro de tu propia subconsciencia, hay una Piedra... Bruta, fría, impasible, con la dureza del más duro mármol, con la tosquedad rocosa...
Pero... tienes una piedra ignorada y no la ves, no la percibes, no la palpas, no sientes sus efectos, y sin embargo, vive... vive allí en la soledad de tu caverna, esperando el instante de ser labrada.
Se te puede pasar la vida —este efímero tránsito— ignorando siempre su existencia, y ella habrá esperado inútilmente que tu interna mirada la haya descubierto en la monotonía de su larga espera...

Si la dejas estar, si no la despiertas, si no la abres, si ha de continuar con ese sueño extático… cuando ya no existas, cuando dejes de ser, tornará al montón de tantas piedras como quedaron en el camino, yerto bagaje de los que hicieron como tú…

Si, en cambio, no quieres que duerma. Si tratas de despertarla porque un dolor o una pena honda dieron consciencia a tu vida.

Si intentas bucear dentro de ti mismo y consolarte con las grandezas de tu espíritu, para enjugar internamente tantas y tantas lágrimas que no pudieron sacarse al exterior.

Entonces… suspira profundamente, llama en el cerrado mesón de tus causas interiores y busca tu Piedra…

Es tosca e imperfecta ¿verdad? Pues hazle saltar las primeras lascas para irla moldeando, pero… Hazlo con cuidado, con AMOR…

Que en la Piedra que tocas, está la Rosa, el Tesoro de tu propia Alma.

Krumm Heller, Arnold - Rosa Esotérica

II. Presentación

Los seres humanos tenemos un destino divino, pero hemos extraviado la meta; hemos perdido el horizonte. Estamos siendo arrastrados por la avasalladora fuerza de los vicios hacia un profundo y oscuro abismo. Observando a la humanidad actual que en su mayoría se hunde más y más en el caos; viendo que las personas llegan a la vejez con gran cantidad de enfermedades y achaques a consecuencia de los malos hábitos; al observar que la mayoría de adultos se encuentran hastiados de la vida, carentes de control sobre sí mismos, dominados por la violencia, el materialismo y el instinto, abatidos por la soledad; y al ver tanta desazón, melancolía, lujuria y agresividad en la juventud de hoy, pienso en lo necios que somos los seres humanos, que escogemos sufrir en vez de ser felices, sabiendo que es tan fácil vivir bien. Si existe el dolor (físico o espiritual), es para indicarnos que algo anda mal en nosotros y que debemos tomar los correctivos necesarios para enderezar nuestra vida. Si sentimos tristeza, depresión o aburrimiento, es porque necesitamos reorientar nuestros hábitos y actitudes hacia acciones más positivas.

Hemos confundido placer con felicidad. El placer proviene de lo material y es efímero; la felicidad proviene de lo sublime y es permanente. Por ejemplo: me tomo una copa de vino, y siento placer que desaparece a los pocos minutos; en cambio la ternura que me produce la cercanía de un bebé, nunca se borra de mi alma. El sexo produce placer que se esfuma en segundos; pero el amor verdadero que conmueve y fecunda íntimamente, es eterno y permanece por siempre. Es preciso que nos detengamos por un momento y nos preguntemos: "¿Qué estoy haciendo con mi vida?" Una respuesta sincera nos ayudará a pensar mejor acerca de nuestras acciones, actitudes, pensamientos o palabras, en procura de reorientar nuestro camino para corregir el rumbo equivocado que llevamos.

Teniendo en mente estas consideraciones, pongo en sus manos con mucho amor, y una gran esperanza, amable lector, esta obra que propende por la construcción de una nueva tierra, el establecimiento de un mundo más armonioso pleno de amor, paz, tolerancia, comprensión, solidaridad, altruismo, bondad, veracidad, rectitud, pureza, voluntad, autodominio, paciencia, ternura, concordia, generosidad, imaginación, espiritualidad, y en general todos los valores y actitudes positivos.

Muchos conceptos expresados en palabras deben meditarse individualmente, volver a ellos una y otra vez, analizarlos y sopesarlos a menudo, con el fin de que abran surcos en nuestro interior para conducirnos a la comprensión profunda de sus contenidos. *"Para poder despertar el entendimiento en los demás, uno tiene, primero, que saber, y después, vivir lo que sabe. El conocimiento, vivido en esta forma, se puede transmitir sin esfuerzo, como parte de un proceso creativo sin fin.*"[1]

Igual que el libro anterior, *Semillas de paz*, este, *Armonía Interior*, es el resultado de una intensa investigación llevada a cabo durante varios años, escrutando, estudiando, reflexionando acerca de los hechos, realizando diversas prácticas para comprobar los conocimientos adquiridos, y poniendo por escrito el resultado de mis pesquisas y experiencias para compartirlo con la humanidad, a fin de que se beneficien de él la mayor cantidad de personas que así lo deseen. Recordemos el muy sabio consejo del Señor Jesús: *"Si os mantenéis en mi Palabra, seréis verdaderamente mis discípulos, y conoceréis la verdad y la verdad os hará libres."* (Juan, 8:31,32)

Durante mi investigación he comprobado que las personas, sin importar la edad o condiciones particulares, podemos cambiar nuestros hábitos negativos para convertirlos en disposiciones positivas, aunque ello sea una ardua tarea; que podemos transmutar los sentimientos negativos en otros de cariz positivo; que nuestro aspecto espiritual es de vital importancia para el desarrollo evolutivo, y que podemos cultivarlo para ensanchar nuestra **consciencia**, acrecentar nuestro **amor** y forjar nuestra **voluntad**, para que mediante estos tres grandes atributos podamos conquistar la **Armonía Interior**, base y principio para que podamos iniciar el muy largo camino hacia la realización del **Cristo** en nuestro corazón.

También pude darme cuenta de que como la mayor parte de la humanidad, yo vagaba por el mundo dormido, sumido en un sueño profundo que para mí parecía ser tan real que no podía imaginar que existiera una forma distinta de vivir, más plena, más armoniosa, generadora de verdadera felicidad. Pero una vez que mediante la práctica de nuevas actitudes y acciones pude comprobar esta profunda y exultante realidad, no quiero volver atrás y por el contrario, ardo en deseos de compartir estas preciosas adquisiciones con todas las personas a las que pueda llegar, para que las degusten y enriquezcan sus vidas.

Es la costumbre de menospreciar nuestros hábitos negativos por considerarlos demasiado pequeños, o por pereza de emprender la tarea de modificar nuestra conducta, lo que nos lleva a detenernos en el pulimiento de nuestro diamante interior dejándolo a medias. Debemos ser como el joyero experto, que teniendo en sus manos una piedra preciosa bastante trabajada, concentra mejor su atención para descubrir las deficiencias más pequeñas que no aparecen a la vista del común de las personas, pero que para él son claramente perceptibles porque tiene un ideal de perfección en su mente al que pretende llegar. Así nosotros, debemos escudriñarnos continuamente para detectar esas pequeñas imperfecciones en nuestra "piedra", que aunque no lo creamos, nos alejan del sendero de perfeccionamiento, que debe ser nuestro principal cometido.

Valoramos todas las cosas externas a nosotros, en términos de su valor en relación con nuestra propia experiencia. Lo que vemos, oímos, sentimos, olemos, probamos, leemos, puede tener una existencia ajena a la nuestra, pero la manera como lo comprendemos y la forma como reaccionamos ante estos estímulos, depende de nuestra interpretación de los mismos y de las cualidades sensoriales propias. Cuando nos encontramos con concepciones que no nos son familiares, lo mejor que podemos hacer es acercarnos a ellas de manera cautelosa, sometiéndolas a profunda reflexión, a fin de compenetrarnos de su contenido y pormenores, intentando encontrar aquello que de positivo pueda aportar a nuestro cúmulo de conocimientos y experiencias. Una vez que hayamos sometido estos conceptos al análisis, nuestro raciocinio nos indicará si son o no convenientes para incorporarlas a nuestra vida; entonces, si el dictamen es positivo, debemos someterlos a prueba para incorporarlos a nuestro acervo de experiencias personales en procura de ser mejores cada día.

Lo importante de este escrito es su esencia, no su forma ni la persona que lo escribe. Tampoco importa la interpretación que le dé el autor o ninguna otra persona, por muy erudita que sea. Usted amable lector es quien debe interpretar su contenido y apropiarse del mensaje personal que encierra para usted en el momento presente. Dijo Buda: *"Yo enseño el camino de la liberación. La liberación en sí depende de vosotros."* El verdadero conocimiento palpita en la interioridad de cada ser humano, y a través de estas páginas lo único que pretendo es compartirle conceptos y experiencias por medio de los cuales usted podrá encender la luz de su propia sabiduría y avanzar en el camino evolutivo.

No espero que crea ciegamente todo lo que expreso en esta obra, porque la creencia endurece la consciencia y se convierte en obstáculo para el perfeccionamiento de las personas; por otra parte, rechazar una enseñanza sin someterla al discernimiento y sin poner a prueba los conocimientos expuestos, nos impide acercarnos a nuevas formas de comprender el mundo. No debemos ser como los niños y aceptar las cosas por meros motivos de fe; debemos en cambio, medirlas, pesarlas, escrutarlas, someterlas a nuestro raciocinio personal.

Espero que lea y cuestione cada palabra y analice cada idea expuesta en cuanto a lo que dice a su vida personal; eso sí, con sinceridad, con mente abierta, libre de prejuicios y de fanatismo. Que sea su propio Ser interno el que guíe sus reflexiones, para que pueda extraer de estas páginas sus mejores enseñanzas y así llegue a obtener el mayor provecho en su aplicación.

Recordemos que hay un valioso tesoro dentro de cada uno de nosotros; los demás no pueden darnos nada que ya no tengamos; sólo pueden darnos claves, orientaciones, para que accedamos a nuestra propia riqueza interior. Escuchemos a aquellos que hablan desde la experiencia, y abracemos la sabiduría allí donde la encontremos; pero en todo momento comparemos la guía externa con la sabiduría dentro de nuestro propio corazón, antes de aceptar las insinuaciones de otros.

De cada uno depende si convierte estos conocimientos en parte de su vida para elevarla a dimensiones superiores, o si por el contrario los deja simplemente pasar sin ninguna trascendencia, como una información más que ha acumulado, dejando la piedra sin pulir hasta otra encarnación. Le recomiendo que lea todo el libro sin importar que esté o no de acuerdo con algunos de los planteamientos en él expuestos, y que luego haga una amplia reflexión acerca de su contenido, ojalá comentada con otras personas. Puede estar seguro de que será una experiencia muy enriquecedora, que le ofrecerá una visión distinta de la existencia.

Tengo la confianza de que este libro podrá ayudar a otros en el camino del autodescubrimiento y del crecimiento interior, para que desarrollen mejores hábitos y más efectivas actitudes, que les ayuden a enfrentar exitosamente los impactantes desafíos que trae esta época conflictiva, difícil y turbulenta.

Aclaración importante: En este libro se emplea la palabra "endoconsciente" en lugar de "subconsciente". Esto es debido a que la expresión: "subconsciente", hace referencia a algo que está por debajo de lo consciente (o en un nivel inferior), lo cual nos parece inexacto. En cambio endoconsciente, hace referencia a algo que está más allá de lo consciente (sin indicar nivel ni rango).

Sería de gran utilidad para mí, y además motivo de mucha satisfacción, que usted amable lector me hiciera llegar sus comentarios acerca de su experiencia en la lectura del presente trabajo, al correo electrónico: nuevatierra.bautista@yahoo.com

III. Introducción

De igual forma como todos los cuerpos en la Naturaleza tienen en diferente grado la posibilidad de fijar algún tipo de energías, el ser humano posee la capacidad de almacenar magnetismo, que es la energía que hace que las personas sean más atractivas a los demás; de ellas se dice que son muy "carismáticas". Las personas que en mayor cantidad poseen reservas de magnetismo son aquellas con las que más cómodos nos sentimos, queremos siempre compartir con ellas, disfrutar de su compañía; son como "imanes" que atraen de manera natural a las personas, los bienes y todos los elementos anhelados por la humanidad. En cambio aquellas personas amagnéticas generan rechazo, queremos alejarnos de ellas, no atraen hacia sí ni personas ni bienes ni otros elementos de orden positivo. Por supuesto que estos comentarios hacen referencia a los extremos, ya que existe una gran gama de grados intermedios.

Los impactos de naturaleza emocional hacen que las personas, al perturbar la **Armonía Interior,** sufran continuas descargas de su magnetismo; y si persisten en sus hábitos y acciones que estimulan su emotividad, tales como ira, odio, falsedad, coprolalia (el acto de expresar palabras soeces), gula, lujuria, etc., a medida que avanzan los años se van tornando amagnéticas y van perdiendo toda esa energía que las hacía atractivas. Desde luego que hay emociones positivas que hay que cultivar, como emocionarse por cumplir a cabalidad con nuestras responsabilidades, por conquistar un ideal elevado, por servir al prójimo, por avanzar en el desarrollo espiritual.

El magnetismo es posible acumularlo, siempre y cuando nuestras actuaciones, nuestras expresiones, nuestros hábitos y nuestro ánimo estén imbuidos de un carácter positivo, y nuestra vida orientada al cumplimiento de la **Divina Ley**. En la medida que podamos acumular una mayor cantidad de energía magnética en nuestro organismo, tendremos mayor posibilidad de crecer en sensibilidad y ensanchar nuestra consciencia, que es el principal cometido de la evolución. Actuar de manera que todos nuestros actos estén orientados al desarrollo de la consciencia, es como transitar por una superautopista que puede conducirnos al estado de Cristificación, al despertamiento de la esencia divina en nuestro corazón.

Mientras mantengamos altas reservas de nuestra energía generadora, tendremos un gran reservorio de magnetismo; esto además de proporcionarnos mayor salud y longevidad, nos permitirá conseguir más fácilmente y conservar la Armonía Interior.

Francis Bacon afirmó *"que el hombre debe despojar su mente de todos los ídolos, de las cosas que ha forjado erróneamente en su mente basado en la fantasía; debe liberarse de todas las suposiciones, los ídolos de la tradición, las cosas que debe aceptar porque le han sido legadas, o porque*

sencillamente poseen la autoridad de los años. Debemos acercarnos a la vida como si estuviéramos saliendo por primera vez de una cámara obscura a una iluminada, sin ninguna anticipación o expectativa de aquello que vamos a oír o ver, y luego someter cada experiencia a nuestro propio análisis, sin colorearla con el análisis de los demás.[2]
El proceso hacia la conquista de sí mismo para alcanzar la Armonía Interior debe comenzar por desaprender multitud de cosas erróneas que hemos aprendido a lo largo de nuestra vida, y así reeducarnos para tener mayor control sobre nuestras emociones y reacciones; reeducarnos para la felicidad, el amor, la justicia, y todas las demás virtudes positivas que han sido opacadas por nuestra inmersión en el desenfrenado y conflictivo mundo "moderno", que nos ha inducido a tergiversar la forma de valorar el entorno, sus contenidos y sus habitantes. El proceso de desaprender nos abre las puertas a un universo nuevo y maravilloso, nos permite escuchar, ver, palpar, experimentar nuevas sensaciones.

Antes de iniciar su fascinante viaje a través de estas páginas, debo hacerle, amable lector, una seria advertencia. Aquí se le enseña la forma de acumular y emplear su poder interior, una gran fuerza natural; él está sobre el bien y el mal. No es ni bueno ni malo, pero puede ser usado en uno u otro sentido. Así como la Electricidad, el Vapor, los Explosivos como fuerzas naturales pueden generar mucho bienestar, pero también es posible generar con ellos enormes daños y destrucción, dependiendo de la forma como se haga uso de ellos. Teniendo esto en mente, nuestra recomendación es que emplee su discernimiento para la aplicación de las enseñanzas en esta obra contenidas, con el propósito de darles el uso más benéfico posible para usted, y para la humanidad. Recuerde que las consecuencias que de ello se deriven serán sólo su responsabilidad, y por lo tanto sobre usted recaerán en todo momento los efectos derivados de la Divina Ley de Causa y Efecto, en proporción directa al buen o mal uso que de estos conocimientos haga.

En esta obra presentamos algunas

recomendaciones para mantener una gran reserva de energía magnética y conquistar la Armonía Interior. Está dividida en 18 capítulos así: **1. La Divina Ley**. Los seres humanos estamos sujetos a una ley única de la cual dimanan todas las directrices para que vivamos con armonía. **2. El Libre Albedrío.** El don más preciado que nos ha conferido la Divinidad, y al mismo tiempo el más delicado instrumento que puede servirnos para elevarnos o hundirnos. **3. Fuentes de desequilibrio del Ser**. Descripción de los principales hábitos y actitudes que estorban nuestro avance evolutivo, y nos generan dificultades y males. **4. Dominar el mundo material y cuidar el cuerpo**. La importancia del mundo material y de nuestro cuerpo-templo, para tener una existencia prolongada y saludable, y trabajar en el crecimiento espiritual. **5. La poderosa energía de la Vida**. Aunque desconocemos su inmenso poder, la energía generadora puede ser fuente de crecimiento o de destrucción para la humanidad. **6. El Ser humano Ideal**. El camino para una humanidad más consciente, pacífica y plena de amor. **7. Despertar a la Luz**. Vivimos un sueño que consideramos real; para avanzar evolutivamente debemos despertar. **8. La felicidad**. Cómo encontrar y conquistar la felicidad verdadera y durable. **9. Amor verdadero**. Cómo distinguir y alcanzar el amor verdadero que nos diviniza. **10. La dualidad de la energía**. La energía universal es bipolar y de ella emana todo cuanto existe. **11. Cuidado con las palabras**. La palabra es creadora y muy poderosa, y debemos cuidar su uso, y emplearla adecuadamente para nuestro crecimiento evolutivo.**12. La fuerza de los hábitos**. El poder de los hábitos mal dirigido puede sojuzgarnos, pero si aprendemos a transmutarlos en elementos positivos, puede elevarnos. **13. Reeducarnos para vivir mejor**. Para contrarrestar el nocivo efecto de nuestros hábitos negativos, se precisa un proceso de reeducación, para transformar nuestras actitudes. **14. Mirando al futuro**. Una visión proyectada hacia el futuro de la humanidad, propendiendo por la construcción de un mundo mejor. **15. Alquimia Espiritual**. El gran alquimista interno se encarga de convertir la energía que sublimamos, en larga vida, avance espiritual y fortaleza en todos los órdenes. **16. Evolución**. El proceso de evolución progresiva que la humanidad viene llevando a cabo desde hace millones de años, es un sendero hacia la Divinidad y la divinización. **17 Meditación**. Compartimos algunas técnicas para penetrar en nuestra interioridad y sublimar nuestras energías. **18. Armonía Interior**. Actitudes que debemos adoptar y acciones que debemos llevar a cabo para conquistar la armonía en nuestro sensorio interno.

Ejercicios prácticos

Amable lector: Lo aquí escrito no es materia de fe. Le invito a que experimente con todo lo que se expone en estas páginas, y a observar objetivamente los resultados que obtenga. Tenga por seguro que si se esfuerza en cambiar su propio mundo interior, modificando sus palabras, pensamientos y sentimientos, su entorno exterior también empezará a cambiar como por arte de magia. Como sucede con cualquier obra humana, las ideas aquí compartidas son meras sugerencias, y en ningún caso han de considerarse como finales o completas; corresponde a cada lector, al someterlas a su reflexión y raciocinio, y a prueba con la práctica diaria, completarlas y actualizarlas. Con el fin de llevar a la práctica los conocimientos contenidos en este escrito, al final de cada capítulo se ofrecen una serie de ejercicios que deben ser realizados diariamente. De esta forma, comenzamos paulatinamente a transitar el camino hacia la Armonía Interior. Los ejercicios propuestos son muy poderosos a pesar de su sencillez. Sométalos a prueba durante al menos tres meses, y verá con asombro los magníficos resultados que producen, cuando se realizan con asiduidad y constancia. Es recomendable realizar estas prácticas en la mañana inmediatamente después de despertarnos, y en la noche inmediatamente antes de acostarnos. El ejercicio de la retrospección no debe ser lo último que se haga antes de irse a dormir; es preciso realizar otra práctica, como orar o meditar, luego de la retrospección. Las prácticas diarias son acumulativas. Es decir, que la del primer capítulo se agrega a la del siguiente, y así sucesivamente.

1. La Divina Ley

Sólo hay una Ley Divina: *"Haz lo que quieras; pero ten presente, que de todos tus actos tienes que dar cuenta"*.

Quienes acatan las Leyes prosperan y encuentran plenitud; aquellos que las ignoran o las quebrantan se enfrentan a las consecuencias, que obran como instructores en el camino hacia su despertar, para que un día encuentren el camino hacia su divinidad. Somos los artífices de nuestro propio destino. No existen fatalidad, ni suerte, ni casualidad, ni castigo divino. Si vivimos nuestra existencia conforme a la Divina Ley, sólo podemos esperar prosperidad, felicidad y bienaventuranza. Si la quebrantamos, estaremos cosechando desdicha, dolor y carencias. ¿Y qué dice la Divina Ley? *"Haz lo que quieras; pero ten presente, que de todos tus actos tienes que dar cuenta"*. El espíritu de esta Divina Ley (o karma) nos otorga el libre albedrío, mediante el cual somos dueños de nuestros destinos; podemos hacer todo lo que nos plazca, teniendo siempre presente que toda acción u omisión tiene un efecto de vuelta que nos trae felicidad, riquezas, amor, bienestar, prosperidad, si obramos rectamente, sin que nuestras acciones afecten negativamente a otros seres o a nosotros; pero si al contrario, obramos de manera mezquina, sin importarnos si con nuestros actos afectamos negativamente a otros o nos causamos daño a nosotros mismos, el retorno nos trae carencias, dolor, desgracias, enemistades. Todo lo que nos sucede depende de nosotros mismos.

Para Confucio, si hubiera de establecerse una regla práctica para la vida, esta sería "Reciprocidad". Según él, si una persona causa algún daño, deberá ser sancionada de manera que reciba igual dolor o pérdida al que ha causado. Quiere esto decir, que no hagamos a los demás aquello que no queremos que se nos haga a nosotros. Esto pone de relieve un paralelo entre retribución en lenguaje confucionista,

con la Divina Ley de Causa y Efecto.
Según el concepto dogmático cristiano, que encierra una concepción altamente injusta de la Divinidad, el castigo que recibe quien comete una falta puede no tener ninguna relación con el acto erróneo original. El individuo puede ser castigado en una forma que no le obligue a experimentar las serias consecuencias de sus acciones. Para el cristiano, el bien y el mal consisten en diversas series de amonestaciones, o en el establecimiento de reglas éticas y morales que uno está obligado a obedecer. Como bien sabemos, las reglas no son siempre comprendidas por el individuo, y así puede que no se adhiera a ellas; pues donde no hay comprensión, es difícil que haya aceptación. Un padre con frecuencia ordena al hijo que "no haga esto o aquello", pero si el hijo no tiene una idea clara del por qué debe o no debe hacerse esto, la amonestación viene a ser tan sólo una restricción irritante, que el hijo tratará de quebrantar o eliminar. Si el hijo pudiera llegar a experimentar los efectos de sus actos, entonces sabría por qué se le pide que no actúe

en determinada forma.

A menos que tengamos opción de decir no, jamás podremos decir sí. Esto vale para cualquier cosa en cualquier tiempo. No tenemos que hacer nada; ni trabajar, ni estudiar, ni enlistarnos en el ejército, ni atender a nuestra familia. En definitiva, no tenemos que actuar como otras personas esperan que lo hagamos. Sólo tenemos que reconocer que cada acción u omisión tienen sus consecuencias, y nuestra disposición para aceptar dichas consecuencias nos da el poder y la libertad para elegir lo que somos, hacemos, o a dónde vamos, y aún para cambiar de rumbo si en algún momento así nos parece lo más conveniente. De esta forma la existencia deja de ser una pesada obligación, para convertirse en un gozoso viaje pleno de oportunidades y expectativas, en el cual somos capitanes de nuestra vida, viviendo cada día según nuestra elección, y con el máximo de posibilidades.

"El que yo crea que mi vida está desconectada de todo y de todos —que mi vida es fruto de la casualidad y que la evolución es fruto del azar— no me hará

daño, pero me mantendrá dormido con respecto a la auténtica realidad de las cosas y de los sucesos."[3]

Quizás algunos desdeñan la Divina Ley porque ella no siempre obra en la misma encarnación en la que se cometieron las faltas; pero todos nuestros actos por insignificantes que parezcan, quedan almacenados en el endoconsciente y son llevados en la "memoria" de nuestro Ser interior, para la remisión de nuestras faltas o el disfrute de los beneficios en encarnaciones futuras, de acuerdo con las inexorables reglas del karma. Todo lo que hacemos o decimos produce un efecto de rebote hacia nosotros. En el Universo nada se da por azar; todo efecto corresponde a una causa próxima o remota. Todo lo que nos sucede lo hemos forjado en tiempos anteriores, ya sea en esta o en otra existencia. Somos nuestros propios jueces; en nuestra interioridad está grabado el dictamen de cada uno de nuestros actos erróneos, y nosotros mismos nos conducimos indefectiblemente a recibir los efectos de las causas, que han sido generados con nuestros actos, palabras y omisiones.

Es importante comprender que para la

Divinidad no existe eso que llamamos tiempo. Con relación a la eternidad, un siglo puede ser el equivalente de un segundo. Nuestros actos, como generadores de causas, pueden producir sus efectos proyectados hacia el futuro, que puede ser el momento subsiguiente al hecho, uno o varios días adelante, o el año siguiente. También puede proyectarse una o varias vidas más adelante. Nuestras experiencias de hoy, nuestra buena o mala fortuna de ahora, tienen su raigambre en el pasado; y nuestros actos de hoy, son las semillas de lo que habremos de cosechar en el futuro. En resumen: el pasado es el fundamente de nuestro presente, y el futuro lo creamos con nuestros actos de hoy.

Cuando nos sucede una desgracia, cuando nos golpea la adversidad, no debemos amargarnos; no debemos tratar de achacar la responsabilidad a los demás, o a Dios, o al destino, sino investigar la naturaleza de las acciones o de las causas con las que hayamos podido provocar este estado de cosas. Debemos analizar inteligentemente los efectos, para determinar las causas que los provocaron. Con mente abierta debemos aceptar estos efectos como una enseñanza, como una posible lección de tolerancia y humildad. Si aprendemos de la adversidad y aceptamos la lección sin amargura o resentimiento, estamos creando efectos kármicos favorables, tiempos de felicidad y abundancia, si no en esta vida, seguramente en otra.

De esta manera comprendemos que el poder y la responsabilidad para ajustar nuestras vidas, para adaptarlas al éxito y a la prosperidad, están en nosotros mismos. Los sucesos favorables o desfavorables dependen principalmente de nuestros propios actos o expresiones, como causas que sólo nosotros podemos establecer y controlar. Cada uno de nuestros actos o palabras es una causa propulsora que actúa de manera positiva o negativa sobre los factores relativamente pasivos de nuestro ambiente, como objetos, sucesos y condiciones. Nosotros somos la propulsión inicial, la causa activa, y entre los dos; nosotros y nuestro ambiente, producimos efectos, los cuales siempre participan de la naturaleza de sus causas. Una vez que nos damos cuenta de esto, debemos ser cautelosos en cada acción que realicemos, en cada palabra que expresemos, pues estos generan impulsos directos sobre las cosas y las condiciones que nos circundan, dando origen a los hechos o circunstancias que nos afectarán en el futuro.

La Divina Ley es de suma importancia para la evolución humana, porque es mediante ella que podemos obtener todo lo que deseamos; ya que si queremos amor, amando nos aseguramos merecerlo; si servimos, seremos servidos; si cuidamos nuestra salud, seremos sanos; si estudiamos, tendremos conocimientos y sabiduría; si trabajamos honesta y arduamente, seremos prósperos. De igual manera si odiamos, recibiremos rechazo; si robamos, perderemos nuestros bienes; si abusamos de nuestra vitalidad y nuestras energías, tendremos enfermedad y decrepitud.

"El más leve pensamiento tiene el poder de encauzar una corriente de energía que producirá buenos o malos efectos, según la índole del mismo. De tal suerte

que en la raíz misma de nuestro pensamiento está la fuente del bien o del mal, y por tal razón tenemos que estar atentos a la generación de las ideas en el fondo de nuestro ser psíquico, porque de ello dependen el bienestar o la felicidad, la tragedia y el dolor; —quien bien piensa, bien obra y beneficios obtiene; quien mal piensa, mal obra, y consecuencias desastrosas tendrá que soportar en su vida."[4] *"Antes de que algo se manifieste en este mundo, primero aparece como un pensamiento o imagen en la mente de alguien. Tus pensamientos colorean las ventanas de tu mundo; tus creencias se convierten en los cimientos de tus experiencias. En otras palabras, cada pensamiento positivo es una oración, y cada oración es contestada."*[5] Ya que todo lo que existe proviene de pensamientos, todo lo que sucede bueno o malo en nuestras vidas, tiene origen en los pensamientos que nuestro psiquismo ha albergado y consentido en tiempos anteriores, y surge en el presente como salud o enfermedad, abundancia o carencias, amor u odio, felicidad o desdicha. Los pensamientos negativos son letales venenos que a la larga van generando enfermedades psíquicas y físicas. Es la Divina Ley en pleno ejercicio: las consecuencias siguen a los actos, como la sombra al cuerpo.

Es importante notar que muchos de nuestros problemas de orden psíquico o físico tienen su origen en deudas kármicas preexistentes, que traemos como consecuencia de errores cometidos en encarnaciones anteriores; y que se hacen presentes para que a través del dolor aprendamos que no debemos transgredir la Divina Ley, y de esta forma incrementar nuestro progreso evolutivo a través de este aprendizaje. Esta es la razón por la cual en muchas ocasiones vemos personas que son buenas hasta la saciedad, y sin embargo sufren demasiado. En esta encarnación se están portando muy bien, porque ya su Ser interior hizo consciencia de que los errores acarrean consecuencias dolorosas; pero para que la justicia divina tenga plena expresión, deben vivir los efectos de sus actos erróneos del pasado.

"Quien escupe para arriba a la cara le cae", es una amonestación de nuestros abuelos. Con frecuencia recibimos de inmediato efectos derivados de nuestros errores, aunque estos no correspondan a un acto intencional. Es sencillamente una consecuencia inevitable, derivada de la acción misma. Es resultante necesario del acto, pero no puede ser considerado como un "castigo", sino que es un efecto proveniente de una causa que hemos puesto en movimiento. Por medio de las penas, o tal vez placeres que nos genera el karma, los seres humanos aprendemos a conocer las consecuencias de nuestros actos causativos; sabemos a qué atenernos cuando los ponemos en acción. Hay muchas personas que no están de acuerdo con los códigos éticos o morales, pudiendo considerar que no se basan en la razón, que son ilógicos. Empero, nadie puede discutir o refutar los efectos de sus propios actos. Sabe que son inevitables y que debe ajustar su vida a ellos. La Divina Ley ofrece a cada individuo una experiencia íntima de las consecuencias derivadas de sus actos. Es una experiencia por la que

debe pasar su propia consciencia, familiarizándose con sus detalles. No le llega por trasmano, sino en forma personal. Así pues, el karma elimina la fe ciega, las dudas y el escepticismo, y ofrece en cambio el conocimiento directo de una vida justa.

Resumen

Sólo existe una Ley: "*Haz lo que quieras, pero ten presente que de todos tus actos tienes que dar cuenta*". Esta ley, que en otras palabras se le denomina "ley de causa y efecto", nos hace tomar consciencia de que toda palabra, pensamiento o acto, tiene un efecto de retorno hacia nosotros, y por eso debemos cuidarnos de generar sólo causas positivas. Pues así como el péndulo oscila de un lado a otro, cada acción u omisión tiene sus consecuencias, positivas o negativas; y el efecto de nuestros pensamientos y obras regresa a nuestra vida trayéndonos felicidad o sufrimiento, según sea la naturaleza de nuestra siembra.

Ejercicio práctico

Retrospección

Esta práctica consiste en sentarnos cada noche a revisar todos los acontecimientos del día, en orden inverso; es decir, comenzando desde el momento en que estamos, regresando hacia la hora en que nos levantamos. Se van repasando los hechos realizados en la noche, en la tarde, al medio día, en la mañana, hasta llegar a la hora en que nos despertamos. Cuando en este recorrido encontremos una acción, palabra, pensamiento u omisión en los que hayamos afectado a alguien o a nosotros mismos, debemos arrepentirnos del hecho, tomar la firme determinación de no volver a repetirlo; y si es posible, tomar las medidas para resarcir a la(s) persona(s) afectada(s). Si encontramos acciones, palabras o pensamientos en los que hemos favorecido a alguien o a nosotros mismos, debemos sentirnos felices de ello, y tomar la firme determinación de repetir más a menudo actos como estos.

Ejemplo:

1. A las 9:10 pm discutí con mi cónyuge y le dije palabras ofensivas, inducido por la emotividad. Debo arrepentirme de la acción, prometerme no volver a repetirla, y si es posible, una vez terminada la retrospección, o al día siguiente, ofrecer disculpas a la persona afectada.

2. A las 5:30 pm alguien me estrujó en el transporte, y yo le recriminé agresivamente, movido por la emoción de la ira. Debo arrepentirme de la acción y prometerme no volver a repetirla.

3. A las 2:15 pm vino a mi oficina uno de mis compañeros de trabajo a consultarme un tema laboral que no le resultaba claro. Detuve mis labores, y le dediqué el tiempo necesario para resolver sus inquietudes. Debo sentirme feliz por haber realizado esta buena acción, y prometerme seguirla repitiendo tan a menudo como sea posible.

Y así, sucesivamente hasta llegar a la hora en que me desperté.

Una vez realizada la retrospección, realizar una corta meditación acerca de temas positivos.

2. El Libre Albedrío

El más grande regalo que nos ha dado la Divinidad, y al mismo tiempo el más preciado de nuestros dones, es el Libre Albedrío; aunque muchos discuten si realmente tenemos completa libertad para obrar. *"Por Libre Albedrío se entiende la facultad que tiene el hombre de obrar por reflexión, elección y voluntad propias."*[6] Pues bien, tenemos un destino divino que debemos seguir indefectiblemente; o sea que en cuanto a la meta, no tenemos libertad; el objetivo y fin de nuestro desarrollo evolutivo es alcanzar en futuras encarnaciones el desarrollo de nuestra Seidad, nuestro Ser divino. Pero tenemos completa libertad para elegir los caminos o medios por los cuales llegaremos a este fin preestablecido. Es el camino que nos muestra Jesús de Nazareth en sus amorosas exhortaciones y con su ejemplo de vida, invitándonos a hacer consciencia de nuestro destino divino análogo al de Él.

Si no existiera el Libre Albedrío, los seres humanos no seríamos responsables de nuestros actos. Pero también en virtud de esta total libertad para obrar que poseemos, se genera la inmensa responsabilidad que tenemos sobre nuestros pensamientos, imágenes, palabras, acciones u omisiones; ya que por medio de estos sembramos karma, ya sea positivo o negativo. Y de esta forma en un futuro próximo o remoto, cosecharemos exactamente los frutos de las semillas que hemos sembrado, como efecto de la Divina Ley en acción; ella nos toma cuenta del uso que hagamos de nuestro Libre Albedrío, no en juicios sumarios ni mediante "castigos divinos", sino haciendo que "comamos nuestro propio cocinado", que vivamos las mismas experiencias que hemos hecho vivir a otros. Ni Dios, ni la Naturaleza, ni el Destino, ni los Astros nos obligan a nada; en todo momento tenemos oportunidad de ejercer el libre poder de nuestra voluntad para tomar decisiones;

siempre nos es dable elegir entre un modo de obrar conforme a la Divina Ley, o en contra de ella; y de allí las inevitables consecuencias que tarde o temprano volverán sobre nosotros, derivadas de nuestros actos, pensamientos o palabras.

Es mediante el ejercicio del Libre Albedrío que podemos hacer de nuestra vida lo que queramos. Tenemos completa libertad para tratar bien o mal a los demás, para robar o ser honestos, para matar o respetar la vida. Conforme lo expresa la Divina Ley, de todos nuestros pensamientos, imágenes, sentimientos, emociones, actos y omisiones tendremos que dar cuenta; ¿a quién? ¿A Dios? No. A nosotros mismos; es nuestro propio Ser interior el que se encarga del balance, del juicio y de la ejecución de la Ley. Es en virtud de esta Ley que el ser humano de hoy es el fruto de su manera de ser y de pensar en el pasado, y el ser humano del mañana será la suma del pasado más el presente; es una Ley inexorable.

El libre albedrío es la expresión del amor de la Divinidad hacia la humanidad, hasta el grado de permitir equivocaciones, que nos sirven de lecciones para aumentar nuestro grado de conciencia, y de esta manera allanar paulatinamente nuestro camino hacia la realización del Cristo en nuestro corazón. No obstante, mientras comenzamos a hacer conscientemente el trabajo interno para conquistar tan divina perspectiva, si no tomamos las acciones que nos ayuden a salir de la corriente mundana para orientarnos hacia el avance evolutivo, la naturaleza misma nos empuja para que enderecemos el camino, mediante la Divina Ley de causa y efecto, la cual está indeleblemente grabada en nuestro endoconsciente. Como consecuencia lógica de esta Ley, en el presente nos encontramos limitados en nuestro accionar, por los efectos de las causas que hemos puesto en movimiento en vidas o tiempos anteriores, lo cual confirma su eficacia y severidad.

Los seres humanos somos creadores de nuestro modo de ser y de comportarnos, aunque las acciones anteriores se pueden constituir en una limitante de nuestras aspiraciones, en la medida en que la vuelta del péndulo se manifiesta para hacernos sentir los efectos de nuestro Libre Albedrío, empleado de una forma contraria a la Ley. No obstante, haciendo precisamente uso de nuestro Libre Albedrío, podemos reencauzar nuestra vida por senderos positivos para evitar que nos sobrevengan reacciones negativas en lo futuro.

El Libre Albedrío es tan sagrado, que ni la misma Divinidad interviene para coartarlo o restringirlo, y es por ello que quienes eligen el camino del mal, siguen tan campantes su sendero evolutivo, aparentemente sin sufrir consecuencias por sus actos negativos; pero por supuesto, también están sujetos a la Divina Ley, que hace que en algún momento de esta u otras encarnaciones reciban como lógica consecuencia el efecto de las causas que a cada momento ponen en movimiento.

No podemos interferir con el Libre Albedrío de las personas, así sea para evitarles un mal, o para hacerles un bien. Aún con nuestros hijos, cuando ellos ya tienen criterio para elegir y tomar sus propias decisiones, debemos orientarlos, aconsejarlos, con mucho amor, pero siempre respetando su Libre

Albedrío. En ocasiones, queriendo evitar sufrimientos a nuestros seres queridos, asumimos la responsabilidad de algunas de sus acciones o compromisos, y esto les priva de las lecciones que surgen de sus propias elecciones. Las personas que sufren necesitan nuestra compasión y apoyo, pero si llevamos la carga por ellos, les estamos robando parte de su fuerza y respeto propios, y les impedimos crecer integralmente; y por estas intromisiones, estamos generando karma negativo para nosotros.

La interferencia en el Libre Albedrío de las personas, propia de personas egoístas, ignorantes o inmaduras, es muy común entre políticos y en los credos religiosos, que mediante la intimidación, la amenaza o las falsas promesas, obligan a otros a actuar conforme a sus intereses particulares con el fin de mantenerlos bajo su dominio y explotación.

Somos completamente libres de obrar conforme a nuestros deseos y aspiraciones, teniendo en cuenta eso sí, que de todo acto, omisión, pensamiento o palabra, hemos de recibir consecuencias buenas o malas, según sea la índole de nuestro obrar, pensar o hablar. Es nuestro deber esforzarnos en actuar y hablar de manera positiva, persiguiendo elevados ideales que nos enaltezcan y a la vez ayuden al ensanchamiento de nuestra consciencia y la de la humanidad.

Resumen

Concordante con la Divina ley, tenemos el Libre Albedrío, que es la libertad que se nos otorga para obrar libremente, pero ajustándonos a la ley de causa y efecto. Esto quiere decir que nuestros actos, palabras y pensamientos, no han de afectar negativamente a otros, ni a nosotros mismos. Tenemos plena libertad para pensar y obrar, pero debemos ser conscientes de que recibiremos el equivalente a lo que entregamos. Si damos amor, felicidad, recibiremos lo mismo; si sembramos odio, maldad, eso cosecharemos. Es la más preciosa dádiva de la Divinidad, que nos obliga a ser responsables de nuestros actos, palabras, pensamientos, decisiones.

Ejercicio práctico

Introspección

Esta práctica se realiza todos los días inmediatamente después de despertarnos, y consiste en hacer una programación de las actividades del día que comienza. Luego, visualizarse llevando a cabo de manera positiva y exitosa todos los eventos programados.

3. Fuentes de desequilibrio del Ser

Para alcanzar un objetivo es tan importante saber lo que se debe hacer, como lo que no se debe hacer. En este capítulo exponemos los errores más comunes en que estamos incurriendo actualmente como humanidad, los cuales nos están generando malestar y dolor. No podemos cambiar a los demás, pero con el sólo hecho de que cambiemos nosotros mismos, nuestra vida será diferente y los demás irán cambiando gradualmente como reflejo.

En este tiempo de convulsiones sociales, políticas y hasta geográficas, vivimos sumergidos en un mar de preocupaciones que nos quitan el sosiego y la calma, al tiempo que consumen nuestra energía haciéndonos sentir agotados, estresados, angustiados, desesperados; en otras palabras, faltos de Armonía Interior.

Todo nos causa inquietud: el clima con sus extremos cambiantes, una enfermedad (real o imaginaria), la inseguridad, el desempleo, la corrupción, el desplazamiento de personas, la violencia (física y psicológica), la injusticia, los problemas en el trabajo o en el hogar, los desajustes financieros mundiales, nacionales, personales; en fin, estamos sujetos a miles de impulsos de orden sensorial, que conllevan a que nuestra estabilidad emocional sea precaria y que muchas veces nos encontremos al borde del colapso nervioso.

Muchas personas en busca de alivio a sus tensiones acuden a Dios, a su santo predilecto, a la Biblia, al psicólogo, a infusiones de hierbas aromáticas, a somníferos, al alcohol, a la parranda, al abuso del sexo, y en casos extremos a sedantes, barbitúricos, antidepresivos o narcóticos. En su desesperación, al ver que nada de esto les devuelve completamente la anhelada estabilidad emocional, hay quienes llegan al suicidio. Nuestra humana personalidad es en los tiempos actuales, sólo una marioneta controlada por hilos invisibles que nos empujan en dirección errada, a obrar en contra de nuestra propia conciencia, desdeñando nuestra poderosa esencia divina.

Para hacer más grave la situación, los medios masivos de comunicación, en su gran mayoría, emiten programas que inducen a los antivalores, al facilismo, al relajamiento en las costumbres sociales, dándoles mayor importancia al dinero y los bienes materiales, por encima de las personas y sus principios éticos. La Radio, que en otro tiempo fue un medio de culturización y de promoción de los valores positivos y las buenas costumbres, ahora en su gran mayoría se ha ido al extremo opuesto difundiendo la vulgaridad, la ordinariez, la sensiblería, sumándose a los medios audiovisuales en la promoción de una sociedad sumida en el materialismo y los antivalores; o en su versión contraria, propendiendo por el fanatismo religioso y las creencias ciegas y cegadoras.

El cambio que se viene dando progresivamente en el seno de las familias, al pasar de hogares en los cuales había un mandato autoritario y absolutista por parte de los padres sobre los hijos, a un ambiente de diálogo en el cual los hijos tienen oportunidad de rebatir los argumentos de sus progenitores; al eliminarse el castigo físico o sustituirse con sanciones de tipo no violento; al darse un desarrollo más rápido en la evolución de las nuevas generaciones, lo cual hace personas más críticas, menos sometidas; al conquistar la mujer mayor libertad y autonomía, lo cual ha obligado a que los hijos sean mayormente formados en guarderías o bajo el cuidado de personas diferentes de sus padres; la superación del miedo al "castigo divino" con el que las religiones han tenido sojuzgada a la gente; todos estos elementos, aunque impliquen en general un avance evolutivo de la humanidad, al ser mal interpretados y peor ejecutados, han conducido a que quienes provienen de las nuevas generaciones sean por lo general egotistas, indóciles, indisciplinados, voluntariosos, y en la medida que se les permite por parte de sus progenitores o tutores hacer lo que quieran, sin restricciones ni adecuada orientación, están llegando a ser personas sin Dios y sin Ley, creando una situación conflictiva para la sociedad actual y causando mucho daño a los propios actores: las personas en desarrollo y sus descendientes.

Una gran mayoría de personas sostienen que el ser humano es el rey de la creación; pero si no somos reyes de nosotros mismos, si no somos capaces de dominar nuestras emociones, nuestros instintos, nuestra naturaleza, nuestra forma de expresión, y si no obramos conforme a la Divina Ley; ¿cómo podríamos aseverar que somos señores de este mundo? Si nos lo proponemos podríamos realmente ser reyes del universo si nos elevamos a la altura de seres como Jesús, Buda, Krishna, Hermes Trismegisto, Zoroastro, etc.; ellos nos han mostrado el camino para conquistarnos a nosotros mismos, pero neciamente hemos desdeñado sus valiosas enseñanzas.

Diametralmente opuesto a la profundidad de pensamiento y pacífico sosiego que se espera de personas equilibradas, evolucionadas, encontramos a la humanidad actual en su mayoría, que perdida la calma deambulan de un lado para otro sin control; han dejado de ser personas con normas fijas a qué atenerse; ya no son esos caracteres que saben encarar la vida y superar sus dificultades, sino por el contrario; son gentes sin principios, sin fuerza de voluntad, personas hastiadas y derrotadas, sumidas en multiplicidad de impulsos incoherentes o deseos inmoderados procedentes de las excitaciones externas o del instinto desenfrenado, que no saben ser íntimamente felices, sino a lo sumo encubren el aburrimiento y el vacío en un sinnúmero de diversiones y pasatiempos. No tienen profundidad de pensamiento, no se detienen a pensar en sí mismos como entes espirituales, ni a reflexionar en el destino divino al que cada uno de nosotros está predestinado. El perfume de la amistad y la fragancia de la sinceridad han desaparecido; la lealtad y el amor han sido pisoteados, corrompidos.

Se atribuye a Einstein la siguiente aseveración: *"La imaginación es más importante que el conocimiento, porque para llegar al conocimiento se requiere imaginación"*. La imaginación es el Poder Creador por excelencia, ya que nos permite visualizar constantemente lo que queremos lograr, y es por ello la clave definitiva del conocimiento y del éxito. Desafortunadamente la humanidad actual tiene más imaginación destructiva que constructiva. Precisamente debido al mal uso que hacemos de este formidable poder, es que aquejan a la humanidad tantos males: miseria, violencia, vicios, hambrunas, corrupción. La enorme proliferación de imágenes negativas que emite la humanidad en su gran mayoría, tales como pesimismo, celos, depresión, envidia, ira, lujuria, materialismo, deseos de venganza, etc., afectan tanto a nuestra Armonía Interior, como al normal funcionamiento de nuestro organismo, conduciéndonos a enfermedades del cuerpo y miseria moral. Este flagelo ha llegado a convertirse en uno de los grandes problemas del ser humano, puesto que hasta ahora son pocos los que nos han advertido del grave peligro que encierra esta nociva manía de emplear la imaginación de manera negativa y desordenada.

Debido a nuestra equivocada manera de pensar, nos encontramos atascados como "un corcho en un remolino", sin encontrar la ruta correcta. Haciendo uso de nuestra imaginación, y mediante el inmenso poder de la Epigénesis (la capacidad que tenemos para regenerarnos de manera positiva), es posible cambiar el estado de cosas hacia una más prometedora perspectiva. Lo importante es que hagamos consciencia de que estamos recorriendo el sendero errado, de que estamos yendo en contravía de la evolución, al desdeñar el cultivo de nuestro aspecto espiritual.

A medida que nos dejamos absorber por el tráfago incesante de la humanidad actual con sus "atractivos" espejismos, vamos sumiéndonos en un materialismo absurdo y alienante. Permitimos que nos esclavicen la moda, el afán de lucro a costa de lo que sea, la incesante búsqueda de dinero "fácil", el consumismo delirante, y en fin, un cúmulo de intereses ficticios que nos llevan a permitir que en nosotros aniden emociones negativas como la envidia, los celos, el odio, la mentira, la lujuria, etc.; y en la medida que estos sentimientos nos invaden, vamos perdiendo nuestra energía vital, y por consiguiente, desequilibrando nuestro cuerpo, nuestra mente, nuestra alma; en una palabra, nuestro Ser. En resumen, estamos perdiendo la **Armonía Interior**.

Veamos a continuación, en forma más detallada, algunos de estos sentimientos y actitudes negativos que son fuente de desarmonía en las personas.

La envidia hace que muchos individuos se sientan desdichados al ver que otras personas consiguen bienes o beneficios que ellos no han podido obtener, y esta desdicha los lleva a olvidarse de que si dejaran de concentrarse en las adquisiciones ajenas, podrían dedicar sus esfuerzos y energías a satisfacer sus necesidades y a conseguir las cosas que anhelan, y que podrían disponer de muchos más bienes de los que les están generando este negativo sentimiento.

Los celos son una manifestación de inseguridad, de sentimientos de inferioridad ante su pareja, sentimientos que llevan a las personas víctimas de este mal a ver fantasmas, a imaginar situaciones que no existen, a sentirse desgraciados cuando su pareja real o imaginariamente se fija en otra persona, ignorando que si trabajan arduamente en fortalecer su autoestima y autoimagen, tendrían la madurez suficiente para ver con objetividad las cosas y tomar decisiones ajustadas a cada situación.

El odio surge cuando la personalidad se infla demasiado, a tal grado que cualquier cosa nos ofende; y cuando las cosas se salen de nuestro control, preferimos alejar a la otra persona por considerarla una amenaza contra nuestra posición dominante. En realidad odiamos en los demás aquellos aspectos negativos nuestros que vemos reflejados en ellos.

La hipocresía refleja a las personas que viven de una manera, y quieren aparentar otra cosa; se presentan como santas cuando en realidad en su interior albergan sentimientos negativos hacia sí mismas y hacia los demás. El hipócrita encarna en sí, además, tanto al mentiroso como al envidioso, pero pretende que los demás lo vean como un dechado de virtud y un prototipo de bondad.

La codicia surge cuando nos concentramos excesivamente en acumular bienes materiales, olvidando que primero está el Ser que el poseer. Aunque es justo y necesario adquirir bienes materiales, debemos además obtenerlos sin dañar a otros o a nosotros mismos, y al mismo tiempo ocuparnos en cultivar nuestra espiritualidad, nuestra intelectualidad, nuestra sensibilidad; de esta manera estaremos trabajando para lograr la Armonía Interior.

El temor es justificable en situaciones de riesgo, puesto que es una manifestación natural para protegernos de peligros; pero vivir temerosos a cada instante, imaginando en todo momento peligros inexistentes, incapaces de tomar decisiones o de actuar por miedo a los resultados, a correr riesgos, a sufrir pérdidas, es un temor irracional e injustificado; ya que dejarnos llevar por este sentimiento negativo pone de presente que hemos olvidado las enormes potencialidades que poseemos para hacer frente a todas las situaciones que se nos presenten, por riesgosas o difíciles que estas sean. Recordemos que las peores cosas que nos imaginamos, jamás ocurren en realidad.

La mentira es una forma de intentar esconder nuestras "fealdades" ante los demás; es un ostensible signo de debilidad e inseguridad. Quien miente demuestra un profundo miedo porque los demás le conozcan tal como es, y se esconde tras una máscara para defraudar a otros.

El egoísmo es inmoderado y excesivo amor a sí mismo; es un comportamiento propio de la persona que atiende desmedidamente sus propios intereses, sin tener en cuenta los intereses de los demás. El egoísta cree que sólo él tiene derechos, que todo lo merece, que los demás no importan.

La pereza es el desgano o falta de ánimo para actuar o pensar; nos lleva a dejar de hacer o a aplazar indefinidamente la mayoría de acciones. El perezoso espera que todo llegue a sus manos sin esfuerzo, que la vida le de todo sin trabajar por ello, que sus necesidades sean satisfechas sin pagar el precio correspondiente ni esforzarse.

La lujuria es el instinto psicosexual descontrolado, debido al desconocimiento de la sacralidad de nuestras energías generadoras, que están destinadas por un lado a la perpetuación de la especie humana, y por otra parte a la regeneración física y espiritual de nuestro Ser. El abuso de esta portentosa energía es lo que está conduciendo a la degeneración de la raza, puesto que las actuales generaciones en su mayoría, debido a este flagelo, son más enfermizas, más perezosas (física y mentalmente), menos capacitadas para el estudio y la investigación, menos creativas; y esto se refleja en que en los últimos dos siglos no han sido engendrados prohombres, genios como Beethoven, Mozart, Picasso, Matisse, Einstein, Descartes, etc.; pues la genialidad procede del trabajo interior intensivo, hecho en encarnaciones anteriores.

Sabemos muy bien que las emociones afectan a nuestra parte biológica, aunque nos cuesta dificultad ver o entender de qué manera lo hacen y bajo qué leyes. Los sentimientos negativos y bajas pasiones pueden y deben ser transmutados, y al trascenderlos convertirlos en energía positiva que ha de servir para nuestro avance evolutivo. Cada vez que refrenamos un impulso negativo y lo cambiamos en positivo, estamos evitando males para el cuerpo y para la mente, forteciendo nuestra voluntad, elevando nuestra alma, avanzando evolutivamente, contribuyendo a la paz y la concordia en el mundo.

Generadas por los desmanes a que nos conduce ésta equivocada forma de vida, comienzan a aparecer las enfermedades del cuerpo y del alma: depresión, angustia, hastío, mal genio, rencor, intolerancia, agresividad, farmacodependencia, alcoholismo, gastritis, úlceras, infartos, embolias, estreñimiento, baja o alta presión, cefaleas, tumores, sida, cáncer (por citar sólo las más comunes). Y lo peor es que las personas no se dan cuenta de que estos sufrimientos les sobrevienen como lógico efecto de la implacable Divina Ley de causa y efecto. No se puede abusar impunemente de las energías físicas o espirituales; la vida nos devuelve como efecto los resultados de nuestros aciertos o errores. Si obramos acorde con la Divina Ley, cosecharemos bienestar y benevolencia; pero si actuamos en contra de ella, recibiremos como resultado enfermedades y efectos negativos.

Como consecuencia del creciente materialismo en el que se ha sumido la humanidad en los últimos tiempos, las generaciones actuales están en su mayor parte carcomidas por la pereza, sumidas en la mediocridad, e incapaces de usar adecuadamente sus mentes desprecian la lectura, el cultivo de su intelecto, de su espíritu, se entregan al goce de placeres que estimulan preponderantemente su sensorialidad física, y andan en la búsqueda permanente de estímulos cada vez más fuertes para su sistema emocional, ignorantes de los males que atrae hacia su organismo, y del pernicioso efecto que este proceder ejerce sobre su talante espiritual, el más importante aspecto de nuestro Ser. En consecuencia, su crecimiento se realiza con mayores desequilibrios en todos los campos, y cada nueva generación recibe y acrecienta este proceder negativo que en la acumulación de sus causas habrá de conducir a efectos desastrosos para la humanidad en desarrollo, en este y los próximos decenios, hasta que el dolor y el sufrimiento nos hagan tomar consciencia y nos obliguen a enderezar el rumbo.

Las dificultades familiares son en la actualidad una de las mayores fuentes de preocupación y desequilibrio para las personas. En primer lugar se encuentran los conflictos de pareja, seguidos de los conflictos entre padres e hijos. Hay familias que viven constantemente en disputas verbales, haciéndose daño unos a otros; muchas personas llegan a la agresión física y en casos extremos, cuando la excesiva emotividad enceguece a los contendientes, se presentan hechos sangrientos y homicidios. Estas situaciones negativas se presentan generalmente por intolerancia, incomprensión, desamor, arrogancia, en la mayoría de los casos, nacidos del abuso de la energía generadora.

Los niños viven en un permanente estado de armonía, pues ellos tienen íntegra su energía genésica; sólo cuando al entrar a la adolescencia se despierta la fuerza sexual en ellos, y debido a la deficiente orientación en el seno de las familias, empiezan a malgastarla en la masturbación, o en el abuso del sexo, se vuelven díscolos, rebeldes, agresivos, perezosos.

El inmediatismo que caracteriza a la mayor parte de la humanidad actual proviene de la falta de metas; son escasas las personas que tienen metas que las estimulen hacia la conquista de objetivos determinados, y menos las que se han establecido un proyecto de vida que ilumine como un poderoso faro su avance por los senderos de este mundo. Y son más pocas aún las que se han forjado un Ideal elevado que impulse a cada espíritu hacia la conquista de su propio Ser.

El deseo de eliminar el sufrimiento de nuestras vidas es natural en todas las personas y viene de nuestro Ser interior, y es el que nos impulsa a corregir el modo de actuar errado, que es el origen del dolor. Perdemos la Armonía Interior por ignorancia, por arrogancia, por falta de voluntad para cultivarnos y controlarnos. Si realmente deseamos crecer evolutivamente, debemos seguir el sendero que nos mostró el Señor Jesús, Divino Maestro que con su vida armoniosa nos da ejemplo de bondad, rectitud, pureza, altruismo, amor verdadero.

Resumen

Los estímulos provenientes de factores externos son en su mayoría de carácter negativo y nos inducen a obrar en contra de la Divina Ley, generándonos dificultades, carencias y sufrimientos. También hay factores internos de desequilibrio, como los pensamientos e imágenes negativos, y la excesiva emotividad, proveniente por lo general del abuso de la energía generadora. La envidia, los celos, la hipocresía, la mentira, el miedo, la codicia, el odio, el egoísmo, la lujuria, el pesimismo, las bajas pasiones, el materialismo, el inmediatismo, son algunos de los factores que desequilibran nuestra Armonía Interior.

Ejercicio práctico

Retrospección de todas las vidas

Este ejercicio se debe realizar una o dos veces al año. Sería muy conveniente realizarlo cada final de año. Sentarnos durante unos minutos a revisar todos los acontecimientos de esta encarnación, en orden inverso, comenzando desde el día actual, y regresando gradualmente al día en que tuvimos conciencia de nosotros mismos.

Al igual que en la retrospección diaria, si encontramos una acción, palabra, pensamiento u omisión en las que hayamos afectado a alguien o a nosotros mismos, debemos arrepentirnos del hecho, tomar la firme determinación de no volver a repetirlo; y si es posible, tomar las medidas para resarcir a la(s) persona(s) afectada(s). Si encontramos acciones, palabras o pensamientos en los que hemos favorecido a alguien o a nosotros mismos, debemos sentirnos felices de ello, y tomar la firme determinación de repetir más a menudo actos como estos.

4. Dominar el mundo material y cuidar nuestro cuerpo

Podría pensarse por lo dicho en el capítulo anterior, que el aspecto material es negativo, que es factor de desdicha para el ser humano, como sostienen algunas religiones y filosofías. Pero eso sería entrar en terrenos del fanatismo, pasar de un extremo a otro de la concepción del Ser, y lo que pretendemos en estas páginas es encontrar el camino hacia la Armonía Interior mediante la nivelación de nuestras energías, por medio del dominio de los factores que contribuyen a generar desequilibrio en nuestro Ser. De lo que se trata es de evitar los excesos, buscando el equilibrio armónico en todos nuestros actos. En todo, los extremos o excesos son perjudiciales.

Para la mayoría de las personas no existe lo espiritual; sólo consideran como "real" lo material, lo de "afuera". Y en realidad es exactamente lo contrario: sólo lo espiritual, "lo interno", es real; el afuera no es más que un sueño. Es preciso recordar que nuestro cometido es elevarnos hacia lo divino, no transformarnos en mercancías.

En realidad, el mundo material, aunque proyectado evolutivamente hacia la eternidad sea un mero sueño, reviste una gran importancia dentro del aspecto evolutivo de la humanidad en el período actual, ya que sin la resistencia que este nos proporciona, sería imposible nuestro perfeccionamiento espiritual, en un proceso dispendioso, lento, que venimos realizando durante miles de encarnaciones y que tendremos que llevar a cabo durante miles de encarnaciones más; esto nos exige gran fortaleza y mucha energía, para dominar lo físico y conquistar la independencia de lo material y lo emocional, que nos habrá de conducir a la realización de la **Piedra Filosofal**, o despertamiento del **Cristo** en nuestro corazón.

El comienzo del camino hacia la

conquista de la anhelada **Armonía Interior** es precisamente la conquista de la **Armonía Exterior;** o mejor dicho, estabilizar el aspecto material dentro de unos rangos que sean adecuados para evitar desequilibrios de orden físico, que a la larga se convertirían en desequilibrios de carácter emocional, generando desarmonía interior. Así como es nociva la desatención de los aspectos materiales, también es pernicioso el excesivo afán por lo material, en especial cuando se olvida al Ser para dedicar todos los esfuerzos al poseer. El dinero y los bienes materiales en exceso, por lo general, son elementos que nos distraen de las cosas esenciales y verdaderamente importantes de la vida.

El ser humano está en la obligación de dominar los factores materiales de su entorno, con el fin de procurarse la supervivencia mediante alimentación y abrigo adecuados, ejerciendo una profesión u oficio que le produzca ingresos de manera honesta y limpia, que le proporcionarán los medios para atender a sus necesidades materiales y las de su familia. Al decir: de manera honesta, queremos decir que los ingresos se han de allegar de fuentes y por medios que no impliquen mengua para los bienes de otros, o que no se obtengan causando daño económico o moral a otros, o que no sean fruto de fraude, robo, engaño, etc. Cuando decimos: de manera limpia, nos referimos a que para su consecución no se vulnere la dignidad de persona alguna; ni de quien los recibe, ni de los que intervengan en el proceso de su adquisición, llámense empleados, clientes, socios, patronos, etc. En esto como en todo, es muy importante recordar y tener siempre presente la Divina Ley de causa y efecto, y esta consideración ha de llevarnos a obrar siempre con arreglo a la justicia y a la ética.

Dentro del esquema de supervivencia se han de tener en cuenta períodos de descanso regular, recreación y esparcimiento sanos para todos los miembros del grupo familiar, prevención en salud, programación del retiro cuando lleguen los años dorados; en fin, todo aquello que contribuya al bienestar de la familia, sin caer en excesos y sin acudir a medios que laceren la dignidad del ser humano como son el alcoholismo, el exceso de comida o el uso de narcóticos. Se trata de buscar el equilibrio, disfrutar de todo evitando los excesos.

El cuerpo humano es un templo sagrado en el cual mora la Divinidad; y como templo del Espíritu, es la más valiosa herramienta que nos proporciona la Naturaleza para que podamos adquirir experiencia y evolucionar; por esto hemos de respetarlo y cuidarlo con esmero. El Apóstol Pablo pregunta: "*¿No sabéis que sois templos de Dios y que el Espíritu de Dios mora en vosotros?*" (Corintios 1, 3:16) La proliferación de gimnasios e instructores de cultura física en los tiempos actuales, responde a esta inquietud que nuestro Ser nos transmite en forma de intuiciones, y que nos invita a buscar la manera de dar a nuestro vehículo físico un poco de disciplina y ejercicio para mantenerlo en buen estado; de esta forma, al mismo tiempo que fortalecemos nuestro cuerpo, evitamos que se apoderen de nosotros la pereza, la indisciplina y tantos otros males que genera la falta de actividad, así como las consiguientes enfermedades provenientes del sedentarismo.

Pero no para todos resulta conveniente o satisfactorio ir regularmente al gimnasio; muchas personas no pueden o no quieren hacerlo; más bien prefieren hacer otro tipo de ejercicio como trotar, caminar, pasear en bicicleta, etc. Lo importante es que demos al cuerpo, de manera regular, al menos una hora diaria de ejercicio. La intensidad de este depende del estado de salud, la edad o las preferencias. La mayoría hemos observado cómo son de saludables y longevos los trabajadores del campo; ello se debe a que continuamente están sometiendo su cuerpo a ejercicio físico, además de llenar sus pulmones permanentemente con aire puro. Por esta razón, es recomendable salir al campo regularmente y respirar al aire libre, ojalá luego de que ha llovido. El contacto regular con la Naturaleza fortalece nuestra salud y aumenta nuestra energía vital. De igual manera, tomar regularmente baños de sol en las mañanas acrecienta nuestra vitalidad, y por ende nuestra salud se fortalece.

Sólo cuando perdemos la salud, cuando nos sentimos decrépitos, abatidos, desalentados, pensamos en lo valioso que es nuestro cuerpo, en la importancia que tiene cuidarlo y evitar someterlo a excesos. Es cuando aparece el dolor, que comenzamos a darnos cuenta de que los excesos y descuidos a que lo sometimos en el pasado, son errores que tienen un precio que debemos pagar, y que ha sido previamente establecido en la Divina Ley. Cuando estamos jóvenes, pensamos que nunca vamos a envejecer, o que nuestra fortaleza va a estar siempre con nosotros a pesar de los desmanes que cometamos, pero la vida nos demuestra que este modo de pensar es completamente erróneo, y tarde o temprano nos pasa la cuenta de cobro por nuestros descuidos, en forma de dolencias y achaques.

Somos un portentoso mecanismo psicofisiológico que para funcionar armónicamente, requiere tanto de cuidados materiales como espirituales. Cada uno de los sistemas de nuestro cuerpo está relacionado con un principio espiritual de gran trascendencia; cada uno de ellos tiene especial importancia para el desarrollo evolutivo de la humanidad, según su conformación o estructura; corresponde a un diseño que viene siendo perfeccionado por la Naturaleza durante cientos de millones de años, y que nos permite una relación armónica con el mundo, con la humanidad, con el universo, con Dios.

La salud y la belleza del cuerpo de que disponemos, dependen de la forma como hayamos empleado nuestras energías vitales en encarnaciones anteriores; y el que tengamos en encarnaciones sucesivas será igualmente vigoroso y bello si hemos dispuesto de manera responsable de estas energías en esta encarnación, o achacoso y desgarbado si por el contrario, las empleamos de manera irresponsable y desatendida.

De ahí la importancia de cuidar el cuerpo ejercitándolo regular y adecuadamente, así como proporcionándole los alimentos que lo nutran sanamente, evitando intoxicarlo con sustancias nocivas de cualquier orden, aun en forma de alimentos (como harinas, azúcares, anabólicos, etc.);

pero más importante aún, es conservar el equilibrio de las poderosas energías vitales que lo sustentan, evitando la gula, los accesos de cólera, la coprolalia, los celos, y todas las emociones negativas que son generadoras de males físicos; de igual manera, hacer uso armonioso del lenguaje, y evitar el desgaste abusivo de la energía genésica, que si no se dilapida, el alquimista interno la emplea para regenerar nuestro organismo y fortalecer nuestro espíritu.

Resumen

Así como debemos buscar el desarrollo espiritual, también conviene mantener el cuerpo en perfecto estado de funcionamiento. El cuerpo físico es el elemento que genera la resistencia para que el espíritu pueda adquirir experiencias en cada encarnación. Debemos dominar lo material sin aferrarnos a sus elementos, y también dominar lo espiritual sin fanatizarnos ni dogmatizarnos. Cuidando nuestro cuerpo y sublimando la energía genésica, tendremos asegurada una vejez con calidad de vida. El ejercicio físico en exceso también es nocivo para la conservación del cuerpo en un estado saludable.

Ejercicio práctico

Limpieza interior del cuerpo

El cuerpo debe ser limpiado regularmente, para liberarlo de toxinas y elementos contaminantes que van ingresando a él a través de la alimentación, la respiración, y de los venenos que ingerimos a menudo como alcohol, café, harinas, azúcares y otros tantos elementos nocivos.

1. **Limpieza de naranja.** Durante un día consumir sólo naranjas. En zumo, o consumir la naranja con toda su pulpa y su fibra. Si se toma en zumo, se debe evitar el desperdicio de la pulpa y la fibra.

2. **Limpieza de uva.** Consumir un día la mayor cantidad de uva Isabela que se pueda. Al igual que la naranja, puede ser consumida en zumo o con su pulpa y

fibra. A algunas personas el consumir esta uva les produce irritación en los labios, lo que puede evitarse hirviendo la uva antes de consumirla o de preparar el zumo.

3. Limpieza de mango. Sustituir la comida de la noche por un mango maduro grande, acompañado de medio vaso pequeño de leche o de agua. El mango se puede intercambiar con dos o tres bananos bien maduros, de vez en cuando. Hacer esto todos los días es la mejor manera de mantener el tracto digestivo limpio y funcionando con regularidad.

5. La poderosa energía de la Vida

La energía generadora, siendo la energía más natural de todo cuanto existe, es la más grande, sublime y poderosa del Universo; es la que da origen a los seres (humanos, animales, vegetales), al igual que a los mundos, las galaxias, los universos; porque la vida es preexistente y su energía es la que anima todas las formas para que evolucionen. Y así como mediante esta poderosa energía podemos generar en el mundo material, también es la fuerza que adecuadamente orientada y debidamente sublimada, permite al ser humano creaciones de gran valía en el ámbito espiritual e intelectual. *"Es una energía que reacciona a la bondad, a la estética y a la imaginación; se desplaza rápidamente, se siente un calor quemante a lo largo de la espina dorsal y una presión intensa en el chakra que ha sido energizado en ese momento. Es el milagro de la vida; es el milagro de la evolución.*"[7] Los científicos denominan a esta energía Polvo Cósmico, y en la Biblia es llamada El Verbo: *"En el principio era el Verbo, y el Verbo era con Dios, y el Verbo era Dios. Este era en el principio con Dios. Todas las cosas por él fueron hechas, y sin él nada de lo que ha sido hecho, fue hecho. En él estaba la vida, y la vida era la luz de los hombres."* (Juan 1:1,4)

La Vida Cósmica se centraliza en los gametos (óvulos y espermatozoides), mediante la voluntad subjetiva del universo, la que lleva a que el zoospermo migre a través del útero hacia las trompas, hasta encontrarse con el óvulo listo para ser fecundado, y realizar el magno prodigio de la vida. Es mucho más que la conjunción de sustancias químicas; es la energía subjetiva del Cosmos, Dios mismo, actuando a través de la semilla. Esta magna energía, cuando es elevada por el árbol del conocimiento a través del sistema nervioso cerebroespinal, se convierte en capacidad para luchar en este mundo, en fuente de sabiduría, éxito, salud física, emocional y mental. Es la energía que permite a los deportistas conquistar elevadas preseas, a los genios alcanzar sus grandes creaciones, a los artistas concebir sus obras monumentales, a los músicos componer melodías inmortales, a los místicos alcanzar sublimes estados, y en general, a todos los seres nos permite elevarnos por encima del común de las personas. Esta debería ser la senda que siga la humanidad para que paulatinamente vamos generando felicidad, amor, paz, y conquistando la Armonía Interior.

Por el contrario, la humanidad actual en su mayoría al desperdiciarla, está haciendo que esta valiosa fuente de engrandecimiento sirva para la degradación de las personas, al dejarse llevar por la furia avasalladora del instinto psicosexual que nos empuja a derramar la fuente sagrada de la Vida en locuras eróticas de toda índole, que conducen a que los seres humanos se hundan más y más cada día en el fango. Es por este motivo que la humanidad paulatinamente va cayendo en el más hondo de los abismos, lo cual a la larga está conduciendo a males y enfermedades de todo género, como lógica consecuencia de tan negativo proceder, por acción y reacción de la Divina Ley.

Pero no se trata simplemente de retener esta valiosa energía sin darle uso o salida, pues este sólo hecho nos enloquecería, nos causaría males mayores a los que deseamos evitar, o en el mejor de los casos sería un esfuerzo vano que no nos reportaría ninguna utilidad. Se trata sí, de sublimarla, elevarla al corazón y al cerebro para con su magnética acción despertar la sensibilidad y aumentar nuestra capacidad vital, espiritual e intelectual. Una de las formas de sublimar esta maravillosa energía es admirar a la otra polaridad (el hombre a la mujer y la mujer al hombre) con devoción, con mística, con armonía, sin lujuria, sin deseo, sin pasión. Otras formas se exponen más adelante, especialmente en el capítulo dedicado a la Meditación.

Mediante las prácticas de sublimación se da adecuada orientación a esta valiosísima energía, para que nuestras creaciones mentales sean más grandiosas, para que nuestra sensibilidad sea mayor, para que nuestra salud sea más vigorosa, para tener una existencia más larga con mejor calidad de vida, para que nuestra imaginación sea más brillante y productora de ideas geniales. Este es el sendero del perfeccionamiento que nos han sugerido los grandes seres como Buda, Krishna, Jesús, Zoroastro, Hermes Trismegisto, entre otros; ellos han llegado muy alto, y generaron un inmenso y poderoso núcleo de magnetismo a su alrededor, y nos muestran el camino que hemos de seguir para conquistar la grandeza que alcanzaron, la cual podemos alcanzar mediante el desarrollo evolutivo que obtenemos sublimando nuestra preciosa energía generadora, la que se manifiesta como simiente (o semilla) en todas las especies vivas del universo.

"El árbol de la vida y el árbol del conocimiento a los que hace referencia el texto bíblico, están en relación con la eclosión de las energías cósmicas tanto en la naturaleza formal como en la

naturaleza humana. Son las energías del Macrocosmos, de Dios, del Alma del Mundo o de la Vida Universal (el nombre que cada cual le quiera dar a la Consciencia Cósmica Infinita y Eterna), eclosionando en nuestra vida. Constantemente estamos recibiendo ese influjo, que crucificándose en la materia (substancia-forma) hace posible que la vida diferenciada surja para adquirir experiencia."[8]

La esfera generadora es el altar de la Divinidad; por eso dice el apóstol Pablo: "*no debemos buscar a Dios en templos de barro hechos por las manos de los hombres*", pues está viviente en cada uno de nosotros, en nuestro cuerpo-templo, en cada una de nuestras células, y muy especialmente en los gametos que hacen posible que almas expectantes puedan renacer, como parte de la Energía Universal expresándose en las formas temporales en las cuales se manifiesta la Vida. Ese es el milagro de la existencia, es el milagro de la naturaleza y de la evolución. ¿Qué mayor milagro que el del nacimiento de un nuevo ser, de un nuevo astro?

Resumen

La energía generadora es el más preciado don que nos otorga la Divinidad, y por medio de ella podemos dar vida a otros seres, o regenerarnos física y espiritualmente para tener una vida larga y saludable, y proyectarnos evolutivamente hacia nuestro destino divino, a través de las diversas encarnaciones que vamos experimentando. Esta poderosa energía, cuando no se emplea para la procreación, debe ser elevada o sublimada, para la regeneración integral de nuestros vehículos evolutivos (cuerpo físico y cuerpos sutiles). Nuestro cuerpo es un templo en el que mora la Divinidad; esta es una realidad de la que muy pocos han tomado consciencia en la actualidad, pero que indefectiblemente todos tendremos que considerar y afrontar en algún momento de nuestra existencia. Teniendo esta realidad en mente, ¡qué vergüenza obrar en contra de la Divina Ley, si en todo momento Dios es testigo dentro de nosotros, de todos nuestros actos, palabras y pensamientos!

Ejercicio práctico

Sublimación

Siéntese sin recostarse sobre el espaldar de la silla, con los ojos cerrados, la columna recta, la cabeza ligeramente inclinada hacia adelante, las manos entrelazadas sobre los muslos, y los pies juntos atrás y adelante. Dirija su imaginación a la base de la espina dorsal, y visualice allí una luz blanca radiante, que va ascendiendo en forma de espiral por el centro de la columna vertebral. Al llegar a la altura del corazón, este rayo de luz estalla y se convierte en un potente sol que inunda el corazón. Repita mentalmente el mantra **Om Mani Padme Hum** varias veces.

Luego imaginar que esta energía sigue ascendiendo hasta nuestro cerebro, y allí pronunciar largamente el mantra **OM**. Realizar esta práctica por la mañana y por la noche durante cinco minutos, todos los días.

6. El Ser humano Ideal

La Divinidad nos ha dotado con unas propiedades físicas y psíquicas, que mediante los sentidos y la voluntad podemos discernirlas y ponerlas en operación. También nos ha sido dada una naturaleza sensorial que nos permite valorar la relación de las cosas con nosotros, y esto nos permite establecer nociones como bien o mal, orden o desorden, etc. Cada ser vive plenamente, sólo en la medida en que expresa todas las funciones para las cuales ha sido dotado. Un gallo que no canta, un águila que no vuela, no viven plenamente de acuerdo con las funciones que les han sido incorporadas, no son fieles a la causa de su existencia. De igual manera, una persona que no hace uso de su razón, que no emplea sus facultades psíquicas y emocionales, ni sus poderes espirituales, no vive como le corresponde a un ser humano, al no ejercer todas las facultades con las que ha sido dotado. Es decir, actúa en oposición al orden real de su existencia.

Si luego de reconocer y determinar los principales elementos de los que estamos compuestos, descuidamos alguno de ellos; por ejemplo, el cuidado de nuestro cuerpo, estamos cerrando la puerta de acceso a un aspecto importante de la complejidad de nuestra naturaleza. Igualmente, al reconocer que estamos dotados de una parte intelectual, que poseemos facultades tales como razonamiento, reflexión, imaginación, si las descuidamos, habrá una parte de nosotros que se deteriora, que se atrofia por desuso. También cuando llegamos a darnos cuenta de que existe en nosotros un aspecto espiritual que nos vincula con la Divinidad, su descuido nos hace duros, amagnéticos, insensibles, egoístas, y nos sentimos desorientados, incompletos. El descuido en cualquier área del Ser es como tapar uno de nuestros ojos, que limita la capacidad de visión.

El ser humano tiene un destino divino,

pero la humanidad actual sumida en el materialismo ha olvidado este Supremo Ideal; aunque en su interior siente esa lacerante ausencia de su ser divino que lo incita continuamente a buscar dentro de sí su propia y más divina Naturaleza. Muchísimas personas intentando seguir este infinito y persistente llamado, vagan de grupo en grupo pasando de una religión a otra, de una filosofía a otra, de un instructor espiritual a otro, sin encontrar, la mayoría de veces, alivio para su desorientado Ser; que continúa el desesperado peregrinaje buscando respuestas a sus múltiples inquietudes, y sosiego para su Divina esencia, ávida de nuevas experiencias de todo orden.

El reino de los cielos está dentro de nosotros. El ser humano es en sí mismo un templo de la Divinidad. A este divino sagrario interior debemos acudir a menudo para encontrar fortaleza y paz interior, en busca de refugio y consuelo, en procura de orientación e inspiración para poder realizar una mejor labor en este mundo, a fin de conquistar más elevados niveles en nuestra senda evolutiva. Como nos enseña Jesús: *"Tú, en cambio, cuando vayas a orar, entra en tu aposento, y después de cerrar la puerta, ora a tu Padre, que está allí, en lo secreto; y tu Padre, que ve en lo secreto, te recompensará.*" (Mateo, 6:6)

En nuestro interior anida la llama divina que nos impulsa a buscar continuamente nuevas experiencias que enriquezcan nuestro Ser. Es un impulso natural e irrefrenable. Lo que hace esta búsqueda tan angustiosa y falta de orden es que al sumirnos excesivamente en la materia como estamos en la actualidad, nuestra capacidad de orientación se oscurece, nuestro entendimiento se nubla, y resultamos yendo en contravía de lo que urgente e interiormente anhelamos, porque resultamos envueltos en experiencias que no son tan positivas para nuestro crecimiento integral.

A pesar de ser lo más natural, nuestra vida interior es lo más desconocido para nosotros. Debemos promover un acercamiento voluntario hacia el Ser interno, y para ello es necesario, en primer lugar, que liberemos nuestra mente de todas las impresiones producidas "a priori", y de las predisposiciones de la opinión que nos hemos formado sobre aquellas conclusiones a las cuales hemos llegado arbitrariamente; y sobre todo, de lo que hemos oído decir. Con el fin de aprovechar las innumerables experiencias que tenemos a lo largo de nuestro devenir evolutivo, debemos estar atentos a nuestro desarrollo interior, empleando para ello los inconmensurables poderes del Espíritu.

El alma es el mediador entre el Espíritu (nuestra parte divina) y el yo (nuestra personalidad); es la parte que nos corresponde acrecentar en cada encarnación, y esto se logra mediante el cultivo de la estética, la bondad, la veracidad, la expresión verbal armoniosa y constructiva, el altruismo, el amor, y sobre todo, la sublimación de la energía generadora.

Cuando admiramos con arrobamiento la naturaleza, una puesta de sol, una bella flor, la sonrisa de un anciano, la ternura de un niño, estamos acrecentando nuestra sensibilidad, y por consiguiente, nuestra alma se está fortaleciendo. Igualmente, nuestra alma se abrillanta cuando escuchamos piezas musicales de los grandes maestros como Mozart,

Beethoven, Haydn, Vivaldi, Wagner, entre otros. De la misma forma, el alma crece cuando admiramos con respeto y devoción, sin lujuria, a la otra polaridad (el hombre a la mujer y la mujer al hombre).

Sin importar a qué religión o credo pertenezca usted, o cuál sea su concepto de Dios, recuerde que Dios está en usted y en cada una de las criaturas que pueblan el mundo; o mejor dicho, como lo expresa el apóstol Pablo: *"En Dios moramos, en Él nos movemos y tenemos nuestro ser;"* (Hechos 1:28). Todos tenemos la divina misión de realizar en nuestro corazón el nacimiento del Cristo. Como dijo el maestro Jesús: *"Las cosas que yo hago las haréis vosotros, y muchas cosas más grandes haréis."* (Juan 14:12) Es una promesa divina que aun estamos muy lejos de merecer que se realice; pero ajustando nuestra vida a la Divina Ley, podremos llegar a tan encumbradas alturas. Nos faltan muchas encarnaciones más para llegar a ser lo que ese maravilloso Ser logró, pero tarde o temprano lo conseguiremos. Es el destino divino al que estamos predestinados todos los seres.

Es muy significativo que la forma de vida de Jesús, Buda, Krishna, y otros grandes maestros, esté ajustada a una gran simplicidad y una inmensa devoción por el servicio al prójimo. Independiente de creencias religiosas o filosóficas, la práctica del altruismo es un auténtico camino hacia la Divinidad, que nos permite llevar una vida plena con significado, de servicio desinteresado, desarrollando un corazón cálido, amoroso y pleno de bondad, al tiempo que estamos construyendo en nuestro entorno un profundo sentimiento de hermandad, que nos impulsa a contribuir a la construcción de una comunidad humana más armoniosa, espiritual y bondadosa, como una gran familia universal. Un maestro sintetiza la filosofía mística en estas dos frases: "*Si puedes, ayuda a los demás. Si no puedes, por lo menos no les hagas daño.*"

Establecer metas y objetivos

Para vivir bien es preciso tener metas claras y definidas que constituyan un derrotero que nos señale el destino al que aspiramos llegar, las conquistas que anhelamos alcanzar, los logros que queremos conquistar. La visión inspiradora de una meta es algo que nos impulsa a través de la vida, infundiéndonos fortaleza en los momentos difíciles, para continuar avanzando hacia los objetivos que nos hemos propuesto, sin importar los posibles altibajos que tengamos que afrontar. Quienes no tienen metas no tienen logros, porque se vuelven conformistas y aceptan lo "que la vida les mande"; simplemente están satisfechos con "irla pasando", hasta que al llegar a los años dorados se dan cuenta de que no han hecho nada en su vida, que desperdiciaron todas las oportunidades que se les presentaron, porque como no tenían metas no supieron identificar tales oportunidades cuando llegaron.

Cuidado del cuerpo

El principal objetivo que como humanos debemos perseguir, es el de ajustar nuestros pensamientos, palabras, sentimientos y actos, a un divino ideal que nos acerque a la realización del Cristo en nuestro corazón. El primer paso en este camino es el de cuidar nuestro **cuerpo-templo** de tal forma, que en lugar de dilapidar nuestras energías vitales, las acrecentemos para tener salud robusta y larga vida. Evitando intoxicarlo con fármacos, café, alcohol, cigarrillos, estupefacientes y todo lo que pueda causarle daño. Manteniéndolo limpio, sin someterlo innecesariamente a esfuerzos excesivos o inclemencias climáticas.

Control emocional

El segundo elemento a tener en cuenta para conseguir nuestro equilibrio, es el control de las emociones. La fuerza de la emoción es la que nos lleva a actuar en un momento y otro, mas no siempre usamos estas poderosas fuerzas de la manera más adecuada. La energía emocional no es en sí buena o mala; es simplemente una energía que debemos canalizar para impulsarnos por los senderos de progreso, fortalecer el carácter y la voluntad, aprovechar nuestros estudios, en lugar de dilapidarla dejándonos conducir por la agresividad, la lujuria, el odio, la maledicencia, hacia la degradación y la destrucción. La energía generadora nos hizo humanos, y esa misma energía nos hará divinos a través de la sensibilidad.

En nuestras relaciones cotidianas también nos excita la emotividad el trato con algunas personas, pues a menudo se portan de manera diferente a como esperamos, o nos llevan la contraria, y eso nos causa disgusto; o hay unas que se portan de una forma tal que nos hacen perder el control. En todos los casos se trata de intolerancia de nuestra parte, de falta de dominio, pues debemos aprender a ver a Dios en los demás, ya que ellos como nosotros son emanados de la Divinidad; todos los seres humanos somos hermanos en espíritu.

Cuando no nos entendemos con alguien, tengamos por seguro que lo que nos causa desagrado es algo que vemos en esa persona y que tenemos muy arraigado dentro de nosotros mismos. Las personas que con frecuencia nos colman la paciencia son nuestros mejores maestros, ya que a medida que aprendemos a tolerarlas; en la misma proporción en que acrecentamos nuestra paciencia para evitar que nos saquen de casillas; de igual manera como sacamos fuerzas internas para resistir el embate de nuestra ira, así estamos fortaleciendo nuestro autocontrol y poco a poco vamos convirtiéndonos en verdaderos dueños de nosotros mismos, en capitanes de nuestra vida. Bien vale la pena recordar una frase de Carlyle: *"La persona que se proponga superarse no tiene tiempo para contiendas personales; vale más ceder el paso a un perro, que exponernos a ser mordidos por él."* Por esta razón, el control emocional es un factor preponderante dentro del proceso para la adquisición del autodominio, y por lo tanto para el avance hacia el Ser humano ideal.

Perder la serenidad es perder el poder. La ira surge cuando las cosas no salen como queremos, y esta nos enceguece y nos conduce a obrar en forma irracional. Además, nuestro organismo se desequilibra porque inmediatamente entran al torrente sanguíneo gran cantidad de secreciones que lo intoxican, y el ritmo respiratorio se altera. Una de las acciones que debemos realizar para evitar el descontrol emocional es reducir la ingesta de carnes rojas, pues las células animales que ingerimos son portadoras de altos índices de emotividad que van a incorporarse a nuestro organismo causando desórdenes, además de toxinas que menoscaban la salud; como por ejemplo, el ácido úrico.

Cuidar la expresión del verbo

Siguiendo con los factores conducentes a la conquista del Ser humano Ideal, tenemos el uso de la palabra. Este es un factor que la mayoría de la humanidad actual descuida, ignorando la trascendental importancia que tiene en la adquisición y conservación de la Armonía Interior. Nuestra expresión verbal debe ser bella, armoniosa, veraz, serena, melódica, pensada, sensata. La palabra es creadora; el universo fue creado por medio del Verbo Divino; todo lo que expresamos con nuestro verbo se hace realidad en un momento u otro.

Recordemos que en muchas situaciones la palabra es usada como medio de tortura; también se usa para "lavar el cerebro" a algunos individuos con el fin de hacerles cambiar su modo de pensar y de obrar. Esto debe llevarnos a recapacitar acerca de lo que puede hacer en las personas el uso inadecuado de la expresión hablada. Por esto, además de cuidarnos de la forma como damos manifestación a nuestro verbo, también debemos cuidarnos de la cantidad de bestialidades que tratan de sembrar en nuestro endoconsciente los medios de comunicación de manera continua y sin miramientos de ninguna índole.

Cultivar la pureza

Un factor preponderante en nuestro camino hacia la consecución del Ser Humano Ideal es la pureza de pensamiento, palabra y obra. En los tiempos actuales la humanidad sumida en el materialismo se deja llevar locamente por la lujuria a la que nos impulsa el instinto psicosexual descontrolado. Esto conduce a que desperdiciemos continua e irresponsablemente las preciosas y poderosas energías que están destinadas a nuestra regeneración física, psicológica y espiritual. Sumirse en locuras eróticas dando rienda suelta al instinto psicosexual es causa de desavenencias y rupturas entre las parejas, y es lo que ha dado al traste con la integridad del hogar en multitud de ocasiones, sumiendo a la familia en una profunda crisis que cada día se ahonda más y más; siendo la familia la base de la sociedad, ¿qué futuro podemos esperar para la humanidad, si estamos sembrando mayormente desdicha? Mientras más se abusa de este magno poder, más violencia existe entre los cónyuges. Para que haya armonía en la relación de pareja, debemos trascender el instinto sublimando nuestra energía, elevándola al corazón para convertirla en sensibilidad y consciencia. Para evitar que nos domine la lujuria debemos aprender a mirar, o mejor, admirar a la otra polaridad de la existencia como a un ser divino, sin deseo, sin apasionamiento, en sublime arrobamiento místico.

"A mayor cantidad de energía progenésica en el ser humano, mayor juventud, mayor capacidad de concentración, de voluntad, de carácter, de amor, de sabiduría, de consciencia, de acción fecunda. A menor cantidad de esa energía acumulada, menor posibilidad de juventud, de alegría, de armonía espiritual, de consciencia, de comprensión, de carácter, de voluntad y de todo lo que hace a cada uno un verdadero ser humano."[9]

Infortunadamente, para la humanidad actual es más común la segunda opción, el desgaste de esta portentosa energía, el abuso del magno poder generador, y por ello el ser humano se va tornando huraño, desagradable, avejentado, inconsciente, carente de voluntad.

El poder de la imaginación

De gran importancia es el uso adecuado de la imaginación, que es de nuestras potencialidades la que más nos asemeja a la Divinidad, ya que todo lo que con nuestra imaginación podamos concebir y mantener en ella con confiado optimismo y expectación positiva, es seguro que podremos llevarlo a la realización en forma concreta mientras realicemos las acciones necesarias para ello.

"Aprendamos a imaginar, a ver vívidamente con los ojos de la imaginación aquellas cosas que queremos lograr, y persistentemente trabajemos en ello; así se forma una especie de onda psíquica que llegará hasta las personas que pueden ayudarnos a lograr los objetivos que nos proponemos... Pero no es solamente sentarnos a imaginar que las cosas nos llegan, sino trabajar por obtenerlas, porque así se logra todo en la evolución. 'A Dios rogando y con el mazo dando'."[10] Pero no debemos confundir imaginar con pensar; pensar es razonar, reflexionar acerca de algo, comparar; mientras que imaginar es "ver" con los ojos del alma, centrando la mirada en el entrecejo, lo más vívidamente posible, aquello que deseamos alcanzar, mientras trabajamos para su realización.

Desarrollo intelectual

El cultivo intelectual es otro de los fundamentos para conseguir nuestra Armonía Interior, pues el conocimiento nos permite desvelar los profundos misterios del Universo y de la Vida. La lectura constante y el estudio permanente nos ayudan a ensanchar nuestra consciencia, permitiéndonos apreciar los fenómenos y objetos desde diversos puntos de vista, haciéndonos más claros y comprensibles los procesos y funciones que se llevan a cabo en la Naturaleza, ampliando nuestros horizontes conceptuales para hacernos más críticos y más comprensivos a la vez. Por supuesto que en este aspecto como en todos los demás, debemos cuidarnos de los excesos y el fanatismo; ya que dedicarnos exclusivamente a cultivar nuestra parte intelectual dejando de lado las demás áreas de nuestra vida, sería una fuente de desequilibrio y por lo tanto de desarmonía interior.

Cultivar la estética

El sentido estético es el menos desarrollado en la actualidad, debido a que la humanidad se encuentra sumida en el materialismo y poco ha cultivado el aspecto espiritual y la sensibilidad. El cultivo de la estética es de suma importancia para la cabal realización del Ser Humano, ya que mediante ésta, va despertando la sensibilidad y educiendo consciencia, acercándose al verdadero y sublime amor. ¡Qué bueno sería que las nuevas generaciones fueran acercadas desde niños al cultivo de la estética en cualquiera de sus múltiples manifestaciones! De esta manera tendríamos una humanidad más sensible, más espiritual, más plena de consciencia, amor y voluntad.

Vivir en rectitud

Continuando con los factores de elevación del Ser humano, debemos cultivar la rectitud en todos nuestros actos, pues de ella nace la justicia como divino ideal de armonía. La persona recta no consiente pensamientos, palabras ni obras que no estén orientados hacia el bien de la colectividad, hacia su crecimiento personal, hacia la gloria de Dios, cualquiera que sea la concepción que de Él se tenga. La persona recta obra siempre en **justicia** aunque nadie la esté viendo, pues para ella es vergonzoso actuar de manera distinta ante sus propios ojos, que son los ojos de la Divinidad. ¿Cómo puede obrar contrariamente a la justicia un ser que **lleva a Dios en su corazón**? Cultivar la **veracidad** es otro aspecto de la rectitud. La mentira nunca es necesaria, siempre es peligrosa y algunas veces es mortal. Decían los abuelos que *"el que miente roba, y el que roba mata."* Y aparecen otros aspectos de la rectitud: la **honradez** y la **honestidad**. Es lícito a los seres humanos adquirir toda clase de bienes necesarios para su bienestar y subsistencia, pero sin afectar los intereses o bienes de otras personas. Quien quita parte de sus pertenencias a otros, obra injustamente y está sembrando karma negativo. En todos nuestros actos debe reinar la **equidad**. En todo trato que realicemos debe haber equilibrio, para que todos los que en ellos intervengan reciban de manera justa y equitativa los bienes y servicios derivados de las transacciones que llevemos a cabo. También entra en el campo de la rectitud el **cumplir la palabra** empeñada. Un compromiso de palabra es un contrato; y si no lo cumplimos estamos defraudando a quienes aceptaron nuestra palabra, sea de la magnitud que fuere. Del cumplimiento de una promesa sólo puede liberarnos la persona a quien le hemos prometido algo; así sea un niño, y especialmente en estos casos es más nociva, por cuanto al incumplirle a un niño estamos sembrando en su alma la desconfianza y la semilla del incumplimiento.

Otros elementos

Factores adicionales en este camino son: conservar la calma, cultivar la paciencia, desarrollar la persistencia, conquistar la sensibilidad, sentir y vivir la ternura, ejercer la consideración hacia las personas, adoptar la solidaridad como modo de vida, cultivar el respeto para sí mismo, para los demás y para la Divinidad, y mantener el corazón pleno de amor y armonía, exento de odios, rencores, envidia o celos.

En síntesis, cultivando la sensibilidad, la energía del amor inundará nuestro corazón; empleando adecuadamente el poder de la imaginación podemos crear belleza en nuestro entorno; y fortaleciendo la voluntad enderezamos nuestro camino evolutivo. De esta forma, al vincular la imaginación y el amor, obtendremos consciencia que nos acerca a la sabiduría; y estos dos grandes valores vinculados con la voluntad nos permitirán alcanzar cuanto deseemos.

Resumen

Debemos propender por un ideal de ser humano, que teniendo consciencia de su esencia divina, amolde su vida al cumplimiento de la Divina Ley, y conforme a ello, avance en el sendero evolutivo mediante el cultivo de su aspecto espiritual. El cielo y el infierno son estados en los que entramos según sea nuestro modo de vivir. Si nos dejamos llevar por la emotividad y los instintos, vivimos en el infierno, angustiados, airados, desesperados, deprimidos, y hasta enfermos físicamente cuando la situación llega al extremo. En cambio, podemos vivir en el cielo, cuando nuestra vida está sujeta a la Divina Ley y obramos siempre a consciencia, ayudando a los demás, evitando desperdiciar nuestras energías, admirando a la otra polaridad (el hombre a la mujer y la mujer al hombre), en lugar de degradarnos en excesos psicosexuales.

Ejercicio práctico

Irradiar amor

Siéntese sin recostarse sobre el espaldar de la silla, con los ojos cerrados, la columna recta, la cabeza ligeramente inclinada hacia adelante, las manos entrelazadas sobre los muslos, y los pies juntos atrás y adelante. Dirija su imaginación a la base de la espina dorsal, y visualice allí una luz blanca radiante, que va ascendiendo en forma de espiral por el centro de la columna vertebral. Al llegar a la altura del corazón, este rayo de luz estalla y se convierte en un potente sol que inunda el corazón, luego el cuerpo, luego la habitación, el edificio, el barrio, la ciudad, el departamento, el país, el continente, el mundo.

Al tiempo que visualizamos este poderoso rayo de luz que va inundando desde nuestro centro cardíaco toda la creación, repetimos mentalmente: "Paz, amor y armonía a todos los seres".

Realizar esta práctica por la mañana y por la noche durante cinco minutos, todos los días.

7. Despertar a la Luz

La humanidad en su mayor parte transita por este mundo dormida, pues no tomamos consciencia de los inmensos poderes que se encuentran en el interior de cada ser, adormecidos a la espera de que los activemos para nuestro beneficio y el de todas las personas. Despertar al sentido espiritual es un proceso de iluminación que va inundando de luz progresivamente nuestra consciencia, nuestra vida, nuestro entorno, nuestro mundo. Sólo cuando despertamos a esta divina realidad es que podemos avanzar en la búsqueda del camino evolutivo. Nuestra vida se llena de sentido, de alegría, de expectación positiva, de entusiasmo, porque sentimos que estamos transitando por la senda del crecimiento espiritual, el camino progresivo hacia la verdadera libertad: liberarnos de nosotros mismos; liberarnos del yugo de la personalidad que es la que entorpece nuestro entendimiento y razón.

La experiencia de despertar al sentido espiritual es comparable a la de estar enamorados; vemos las cosas de un modo diferente, nos sentimos más energéticos, todo nos produce entusiasmo, el mundo toma para nosotros un cariz diferente, somos más cálidos y receptivos en esos estados. *"El estar despierto es cambiar tu corazón de piedra por uno que no se cierre a la verdad."*[11] En lugar de quejarnos y preocuparnos, debemos aprender a escuchar a la Divinidad que hay en nosotros y que nos inspira en cada pensamiento o acto, y seguir las recomendaciones que nos proporciona a manera de intuiciones.

Si estuviéramos despiertos, sentiríamos a nuestro prójimo en nuestro propio ser, como parte de nosotros mismos. Si estuviéramos despiertos, nuestros prójimos nos sentirían en su interior, como parte de ellos mismos. De esta manera las guerras no existirían y la tierra entera sería en realidad un Paraíso. Desaparecerían las fronteras, se acabaría la discriminación, la riqueza serviría para atender a las necesidades de los pobres y los desvalidos, así como las de todos los demás. El amor verdadero se expresaría con generosidad en los corazones de todos y no cabría el odio, ni la maledicencia, ni nada negativo en el alma de las personas.

Sabemos que el dolor es un componente esencial de la vida. Ante este podemos hacer una de dos cosas: convertirlo en sufrimiento, o trascenderlo. Para aplicar la segunda opción debemos investigar qué lo causa, y el camino que nos conduzca a mitigarlo; luego entrar en ese camino, y evitar los factores que lo causan. El sufrimiento proviene esencialmente de estar dormidos; es en verdad una creación de la mente. El dolor es algo natural, pero convertirlo en sufrimiento es un acto de inconsciencia que demuestra que estamos dormidos. Cuando despertamos nos damos cuenta de que las cosas son diferentes, vemos con objetividad los hechos, desaparece el sufrimiento porque nos ubicamos en el presente en lugar de aferrarnos al pasado, nos desprendemos de la arrogancia que nos deforma la visión de las cosas, vemos a los demás como nuestros maestros, como nuestros hermanos.

La vida no es problemática; si tenemos dificultades es porque estamos dormidos. Cuando persistimos en ver las situaciones como problemáticas generamos más conflictos, y las dificultades crecen. En cambio, si despertamos, cambia nuestra visión de las cosas, vemos con mayor claridad y ya no encontramos problemas sino hechos, situaciones a resolver. Cualquier cosa que realicemos llevémosla a cabo con plena consciencia de lo que estamos haciendo. La consciencia inunda nuestra vida de luz. Obrar a conciencia es el mejor signo de que estamos en el proceso de despertar. A menudo las dificultades que nos generan sufrimiento no son tan graves, pero al darles vuelta en nuestra mente las vemos de tamaño colosal. Muchas veces nos preocupamos demasiado por cosas que realmente no tienen la mayor importancia; incluso sufrimos indeciblemente por amenazas irreales, por eventos que nunca llegan a suceder; sólo en nuestra mente son reales, y sufrimos innecesariamente por situaciones ficticias generadas por nuestra imaginación desbordada.

Cuando estamos dormidos vivimos un sueño que consideramos real, y dentro de ese sueño creamos tristeza, depresión, envidia, celos, temores, sufrimiento y todos los males imaginables; y lo peor es que nos empecinamos en creer que ese sueño es nuestra realidad única. Pero al despertar nos damos cuenta de que todos esos males son sólo ilusiones creadas por nuestra mente febril. ¿Me causa tristeza "perder" a un ser querido? Estoy dormido. Si despierto me doy cuenta de que no he perdido nada ni a nadie. Es el apego que genera mi sueño el que me hace pensar que he perdido algo. La persona que ha trascendido a otra dimensión tan sólo se me ha adelantado por un corto período de tiempo hacia una modalidad distinta de la vida; en breve yo también partiré y me reuniré con ella nuevamente. Además, como realmente amo a esa persona, ella sigue viviendo en mi corazón; por lo tanto no es una pérdida real la que estoy experimentando en mi sueño, y al despertar podré comprobarlo. La muerte no existe realmente; sólo hay cambio de estados. ¿Quién se atrevería a sostener que Jesús, Buda o Krishna están muertos?

Una de las mejores protecciones para evitar el temor a la muerte, es centrarse la mayor parte de la vida en prodigar amor y servir a los demás de manera desinteresada tanto como sea posible. Esto nos conducirá a que el día que nos toque partir no tendremos arrepentimiento, ya que tendremos la certeza de haber vivido una vida con un propósito digno, de manera realmente productiva. No obstante, quienes en su mayor parte se dedican a engañar, defraudar, ultrajar, odiar a los demás, sienten mucho temor de enfrentarse a este momento, debido a su hondo sentimiento de culpabilidad.

Vivimos en un mundo artificial y nos cuesta trabajo darnos cuenta de ello; nos empecinamos en ver todo a través de una lente desfigurada, pretendiendo que lo único que cuenta son nuestros prejuicios, conceptos y opiniones. No estamos abiertos y receptivos para que a nuestra mente lleguen nuevas ideas, diferentes conceptos. Para despertar se requiere desprendernos de ataduras a esquemas fijos, dar libertad a nuestro espíritu para explorar otras miradas al mundo, dejar que nuestra imaginación nos conecte con nuevos pensamientos. Una mente cerrada y aferrada a fanatismos o ideas fijas es propia de una persona dormida; en cambio, una persona despierta posee una mente abierta, está ávida de ampliar sus conocimientos constantemente, de encontrar formas diferentes de ver las cosas. *"Por eso para poder despertar, lo que más necesita uno no es energía, ni fuerza, ni juventud, ni siquiera una gran inteligencia; lo que necesita por encima de todo es estar dispuesto a aprender algo nuevo."*[12]

Para acercarnos al despertar de nuestra consciencia, conviene salirnos del contexto y observar cada situación como si estuviera sucediéndole a otra persona. Esta observación objetiva nos permite ver los hechos desde una perspectiva diferente, sin apasionamiento, desligándonos de cualquier sentimiento que puedan generarnos. Por ejemplo, si alguien me dice algo que pueda resultarme ofensivo, me sitúo en un punto de observación como si yo en ese momento fuese una tercera persona que está escuchando lo que me dice, lo cual me permite analizar sus palabras sin que la carga emocional que ellas traen me afecte para nada. Se trata de ser testigo neutral de los hechos, dejar fluir las ideas como fluyen las imágenes en una pantalla. No juzgar, no comentar, no intentar cambiar las cosas, tan sólo observar; porque al emitir juicios, al querer cambiar algo, ya nos involucramos y dejamos de ser el observador que quiere comprender. De esta forma podré darme cuenta de que aquella persona que así me habla está ofuscada, airada por algo que no le gusta de mí, por alguna acción o palabra mías que malinterpretó, o por cualquier otro motivo que la ha llevado a decir cosas que quizá en otro momento se sentiría apenada por expresarlas. De otro lado, puedo darme cuenta de que si lo que dice es falso, no me afecta porque yo se que son palabras vanas; o si es verdad, no puedo ofuscarme porque alguien diga algo cierto de mí; por el contrario, lo agradezco porque me está haciendo notar aspectos negativos que debo corregir.

La vida es una maravillosa escuela a la que venimos regularmente, encarnación tras encarnación, a adquirir experiencias, las cuales nos ayudan a avanzar evolutivamente. Cada experiencia o acto que realizamos, sea este positivo o negativo, quedan registrados en nuestro endoconsciente y van conformando a lo largo de nuestro peregrinaje por el mundo, el tono de cada existencia; ya que los actos positivos nos conducen a vivencias del mismo orden, y los negativos nos aseguran experiencias de igual tono; todo ello en virtud de la Divina Ley de Causa y Efecto.

Cada encarnación que vivimos es una oportunidad más para avanzar en nuestro proceso de despertar a la Magna Consciencia divina en la cual realizamos el largo peregrinaje evolutivo.

A medida que hacemos consciencia de nuestros errores y tomamos la firme determinación de no volverlos a cometer, y trabajamos arduamente para cumplir con este cometido, vamos despertando a la Divinidad que anhelante espera en nuestro interior.

El Ser divino que mora en nuestro interior es un sabio, porque no lleva años como nuestra personalidad, sino siglos, existiendo; y cuando le escuchamos con atención, nos comunica su gran sabiduría para orientarnos en el camino de la vida. Nuestro Ser interior se comunica con nosotros por medio de la intuición, en forma de corazonadas o inspiraciones. Prestando atención a sus insinuaciones es como encontramos la luz y el poder que nos iluminan y guían a través de la evolución. De esta forma vamos entrando poco a poco en el maravilloso reino del Espíritu, y nuestra vida se llena de plenitud, felicidad, armonía. Quien tiene la dicha de encontrar esta Divina Luz, ya no quiere dar ni un paso atrás en el camino de la vida positiva que ha emprendido; por el contrario, desea avanzar más en busca de la verdadera perfección, y de esta manera abre su corazón a la Divinidad.

Para mantener en esta senda es preciso

rendirle culto a la verdad; desterrar totalmente la falsedad de nuestra vida. Debemos amar la verdad por sí misma. La verdad debe prevalecer por encima de cualquier circunstancia, aunque sea en nuestra contra. Realizando continuamente esta sencilla práctica, pronto sentiremos que nuestra vida se llena de luz, de una intensa luz interior que nos guía en nuestro batallar evolutivo. Esto es escuchar la voz de nuestra propia alma, la voz de nuestro Ser interior, la voz del silencio. *"Cuando hallemos el reino interior y nos concentremos en él, seremos nuestra propia ley, con capacidad de llevar a otros al conocimiento de leyes superiores a las que los gobiernan y muchas veces esclavizan."*[13]

Hemos cedido el control de nuestra vida a nuestra personalidad, que es un ente artificial que nos lleva por la senda del orgullo, la vanidad, la arrogancia, el egoísmo, la gula, la lujuria, en fin, el camino negativo que a la larga nos conduce al hastío, la depresión, la tristeza, la melancolía, en una palabra: al dolor.

Cada vez que cedemos a la tentación en

cualquier ámbito; sea que aceptemos el disgusto que alguien nos propone y dejemos que la ira nos ciegue; o que permitamos que la otra polaridad nos arrastre en arrebatos de lujuria; o que atiborremos el organismo de comida en exceso; o que caigamos en el consumo de cualquier sustancia que intoxique nuestro cuerpo. Todas estas condiciones y muchas más, indican que estamos permitiendo que sean personas o situaciones externas las que manejen nuestra vida, manipulando nuestra personalidad; y la personalidad es sólo una imagen que no corresponde a lo que en realidad somos, pero mientras estemos dormidos tendremos la sensación de que somos esa imagen. Al despertar, tomamos consciencia de lo que somos: un espíritu que se vale de un cuerpo para evolucionar, con la mediación del alma que es el enlace entre ambos.

"Cuando una persona programada te ofende sin motivo, tan programado estás tú como ella, por dejarte ofender, porque las dos reacciones son igual de absurdas e irreales. Ocurre que, como estás dormido, te molestan las personas

que están dormidas, porque la programación del otro afecta la tuya, te la recuerda, y eso es lo que más te molesta, aunque no quieras reconocerlo. Si cuando un niño o un mono te hacen una mueca, reaccionas enfadándote, es señal de que eres tan niño o tan mono como ellos. Estar despierto es no dejarte afectar por nada, ni por nadie. Y eso es ser libre."[11]

El odiar a otros no produce nada bueno ni para ellos ni para nosotros mismos. Del odio no surge nada benéfico. Si hay odio en nuestro corazón, las palabras "hermana", "hermano", carecen de sentido. La ira, en última instancia, no perjudica a los demás, sino a quien la siente. Cuando estamos enojados, hasta los bellos rostros de nuestros amigos o parientes nos generan irritación; no porque ellos sean malos, sino a consecuencia de que se nubla nuestro entendimiento. La ira es nuestro verdadero enemigo. Es una sana actitud analizar con mente calmada y clara cuál podría ser la utilidad del odio o la ira. ¿Verdad que es necedad enfadarse u odiar? Por el contrario, conservando la calma podremos afrontar con mayor lucidez y objetividad cualquier situación. No se requieren teorías complicadas; es suficiente que pensemos y obremos con sentido común.

Si nos enganchamos en una disputa con alguien, y ciegos de ira no queremos cederle la razón porque *"no voy a dejar que se salga con la suya"*; si preferimos dejarnos atrapar por el goce de placeres efímeros que destruyen nuestra armonía, degradan nuestra alma, laceran nuestro cuerpo y acortan nuestra vida, con ello estamos destruyendo nuestra Armonía Interior, estamos quedando rezagados en el camino de la evolución, perdiendo preciosas oportunidades para consolidar la conquista de nosotros mismos.

Cambiar es difícil, puesto que los hábitos malsanos que hemos cultivado a través de varias encarnaciones nos dominan; pero cuando tomamos consciencia de que ese no es el camino correcto, ya hemos dado un paso gigantesco hacia una nueva manera de vivir. Lo primero que debemos hacer una vez que hemos comenzado a reconocer nuestros defectos, es eliminar las excusas de nuestra vida, con las cuales hemos pretendido justificar nuestro obrar contrario a la Divina Ley; de esta manera les quitamos su secreto poder a estos hábitos perniciosos. Así comenzamos a asumir de forma honesta y activa el control de nuestra vida. Es un proceso gradual que paso a paso nos va restituyendo el autodominio personal, haciendo nuestra vida más auténtica, más digna de ser vivida y disfrutada.

Si despertamos, si aprendemos a pensar antes de actuar o de hablar, mediante la reflexión daremos un tono más positivo a nuestra vida, y de esta forma convertimos nuestro recorrido por este mundo en una excitante experiencia que nos trae un sinnúmero de oportunidades para aprender, crecer evolutivamente, y consolidar el autodominio personal. Por supuesto que es un proceso complejo, pero si honestamente nos concentramos en avanzar paso a paso, iremos gradualmente conquistando el equilibrio que habrá de conducirnos a la Armonía Interior.

El bien o el mal no existen en realidad; simplemente existen fuerzas que nos impelen a obrar de manera positiva o negativa, pero siempre tenemos completa libertad para elegir. De nosotros depende cuál camino tomamos, que acción ejecutamos, en ejercicio de nuestro Libre Albedrío. Por ejemplo, alguien obra de manera tal que sentimos un gran disgusto. En ese momento podemos elegir enojarnos, encolerizarnos, romper en improperios contra esa persona, o por el contrario; llenarnos de paciencia, pensar que nos encontramos ante un ser humano equivocado, que no vale la pena desperdiciar nuestras energías en accesos de ira, y la envolvemos en nuestro amor; para ello imaginamos que desde nuestro corazón sale un rayo de luz dorada, el cual penetra por el corazón de la otra persona que ha obrado de tal forma, y como un radiante sol envuelve todo su cuerpo. Esto es transmutar la ira en amor. Esto es aprender a ser magos positivos, poniendo en acción la poderosa magia del amor. De esta manera, el amor nos lleva a la comprensión; la comprensión nos conduce a la paciencia, y la paciencia nos enseña tolerancia.

La dependencia de algo, de cualquier

naturaleza que sea; ya sea depender de personas, de emociones, de sensaciones, de creencias, de conocimientos o de cosas materiales, nos convierte en esclavos. Los vicios, las apetencias, nos esclavizan y consumen nuestra energía, causando la destrucción de nuestra Armonía Interior y de nuestro cuerpo físico. Debemos cultivar la independencia en todos los órdenes: físico, emocional, mental, espiritual; con ello conquistaremos la verdadera libertad.

Las tradiciones, como los tramos de una escalera, son medios para la elevación de las personas. Se hicieron para ayudarnos a subir, pero no para retenernos. En el momento en que una tradición nos mantiene clavados en un punto, sin permitirnos levantarnos hasta el tramo siguiente, se convierte en un obstáculo para el avance. Debemos considerar la tradición como un elemento de estímulo, como un hito de orientación; debemos tomar de ella lo mejor que pueda ofrecernos para emplearla como base para elevarnos a mayores alturas. No obstante, es muy importante someter las tradiciones a un examen concienzudo personal, para cerciorarnos, en lo que a nosotros concierne, si es conveniente que aceptemos sus directrices; o si podemos mejorarlas, debemos hacerlo. Si no podemos hacerlo mejor, debemos conservarlas hasta que se demuestre que ya no son de utilidad. Cuando hablamos de tradición, también hacemos referencia a creencias de carácter político, religioso, social, familiar, o de cualquier orden. Especialmente los credos religiosos y políticos están plagados de fanatismo, que enceguece el entendimiento y trastorna la razón.

La persona que desea realmente aproximarse a la vida interior de una manera franca, con la esperanza de poder gobernarse a sí misma debidamente, no debe acobardarse. No debe temer a la opinión pública; no debe temer oponerse o enfrentarse a la tradición cuando esta se convierta en un obstáculo para su avance evolutivo. Seguir un camino, aceptar un modo de vida determinado tan sólo porque es una "tradición familiar, social o religiosa", o porque así lo han hecho nuestros padres y nuestros abuelos, es un grave error que nos limita. Debemos aplicar nuestro criterio, nuestro raciocinio, para establecer si la senda que nos han marcado nuestros antecesores es la más conveniente, o si por el contrario debemos explorar alternativas diferentes.

Resumen

Transitamos dormidos por el mundo, inconscientes del sendero evolutivo correcto. Vivimos sumidos en vicios y placeres mundanos, olvidando que somos un espíritu que vive una experiencia terrenal. Este olvido hace que nuestro avance evolutivo se retrase, pues mientras no abramos los ojos a la realidad espiritual que existe en nuestro interior, seguiremos rezagados en el sendero evolutivo; y el sufrimiento, la tristeza, la enfermedad, la depresión y las contrariedades serán el pan de cada día. El mundo artificial en el que nos movemos, nos ciega con todos sus atractivos que resultan siempre ser falsas quimeras, y por esta ceguera no podemos ver con claridad nuestra esencia espiritual y divina, hasta que el sufrimiento y la enfermedad nos hacen despertar y reorientar la marcha. Cada vez que cedemos a una tentación o impulso, o permitimos que otros nos saquen de casillas, estamos permitiendo que sean circunstancias externas las que controlen nuestra vida, y nos alejamos más de la Armonía Interior.

Ejercicio práctico

Meditar en la luz

Siéntese cómodamente, cierre los ojos, e imagine que su cuerpo es una esfera ovoide de luz multicolor muy brillante. Realice esta práctica durante cinco minutos una vez por semana.

8. La felicidad

La felicidad es un estado mental y emocional de completa armonía, que puede ser conquistado a voluntad. Es el estado natural del ser humano, aunque por nuestros múltiples errores lo hemos perdido temporalmente. Este estado lo vemos en la mayoría de los niños, y en muchos ancianos cuando ya se han desprendido de las preocupaciones mundanas.

La felicidad no depende de los demás sino de nosotros mismos. Tampoco depende de nada material o externo; viene de dentro, como reflejo de nuestro Ser interior. Es un estado que depende de lo que somos, no de lo que tenemos; no consiste en poseer sino en ser. *"Hablando del problema más hondo de la vida, y el que más preocupa al ente humano, que es el de la felicidad, podemos decir que ella solamente se obtiene por la armonía que haya entre el pensar y el sentir; el cruzamiento de intelecto y sentimiento en proporciones justas nos causa la bella sensación de plenitud, que es la única real felicidad.*"[14]

El consumismo frenético y delirante al que somos compelidos por los medios masivos de comunicación nos conduce a la infelicidad, ya que cada día son mayores las "necesidades" artificiales que pretenden generarnos, y en la medida en que nuestros recursos puedan resultar escasos para satisfacerlas, nos sentimos frustrados, angustiados, deprimidos. Vale la pena recordar una frase de Francisco de Asís citada por Alberto Cortés: *"Para vivir yo deseo poco, y lo poco que deseo, lo deseo poco."*

La felicidad no se adquiere como un artículo en una tienda o supermercado; tampoco se logra con la cercanía o lejanía de personas o lugares; ni la proporciona la adquisición de riquezas materiales o de títulos o de comodidades físicas; ni se alcanza, como creen muchos, mediante el jolgorio o el goce de placeres mundanos. Dice mucha gente: "Comamos y bebamos que mañana moriremos"; queriendo manifestar con esto que en el disfrute de placeres fugaces está la felicidad. Estos goces podrán proporcionarnos alegría (que es pasajera) pero no la felicidad duradera. No hay dicha verdadera en el vicio, bajeza o placer ilícito. Tras la satisfacción relámpago de una tendencia parcial e instintiva, se sigue una amargura profunda y duradera. Las ansias íntimas de grandeza verdadera, que son la profunda tendencia de nuestro Ser, se ven inhibidas o contrariadas por tan descontroladas emociones.

Gran parte de nuestra desdicha proviene del hecho de que nuestra personalidad genera expectativas que no podemos satisfacer, dando lugar a conflictos de diversa índole. La personalidad es una imagen falsa que hemos creado de nosotros, y es totalmente opuesta a nuestra naturaleza espiritual. Esta imagen nos domina y nos controla, nos atrapa en su poder y nos hace perder la independencia. Y es debido a esta pérdida de libertad que nos vemos envueltos a menudo en situaciones que nos causan dolor; y en la medida en que nos aferramos a esa falsa imagen de nosotros, la personalidad, los acontecimientos dolorosos se hacen más frecuentes en nuestra vida. *"En realidad, solemos aferrarnos a nuestro sufrimiento, porque éste parece brindarnos más seguridad que el abrirnos al verdadero cambio; pero, para experimentar en nuestra vida felicidad y equilibrio auténticos, tenemos que renunciar a la causa raíz de nuestro sufrimiento: la autoimagen."*[15]

Si por ignorancia o por desdén transgredimos la Divina Ley o desperdiciamos nuestras valiosas energías vitales, estamos cosechando penas, tristeza, incertidumbre, carencias; pues como artífices de nuestro propio destino obtenemos como lógica consecuencia los resultados de nuestras acciones y omisiones. Debemos buscar dentro de nosotros mismos para encontrar la verdadera felicidad y alejarnos del sufrimiento. Viviendo una existencia mundana, ordinaria, no es posible tener felicidad.

"La humanidad, para ser

verdaderamente feliz, tiene ante todo que ser consciente y dueña de sus actos; por lo tanto conscientividad plena, bondad, amor, sabiduría y plena comprensión, junto con el dominio de sí mismas, harán la verdadera felicidad de las personas; y para conquistar ese estado necesitan, como han dicho los filósofos, pulir la piedra bruta de su naturaleza en evolución, hasta hacerla pura, radiante, equilibrada y perfecta por la fuerza del Amor, por la serenidad y el dominio de sí mismas." [6]

A la felicidad se llega viviendo en el presente; si nos entristecemos por lo que no hemos podido conseguir en el pasado, o por lo que nos hicieron ayer, o por los sufrimientos que hemos vivido, estamos relegando la oportunidad que nos ofrece el presente para disfrutar de la felicidad que pueda contener. Si nos angustiamos pensando en el futuro porque nos parece incierto, porque no tendremos suficiente dinero, o porque tal vez tengamos que separarnos de alguien, estamos poniendo nuestra felicidad en manos de eventos que tal vez no sucedan. Hagamos del presente un momento eficaz y feliz. Aquí y ahora es donde pueden obtenerse todos los frutos positivos del trabajo interior. Ayer no lo hicimos, desperdiciamos la oportunidad; mañana aun no ha llegado, no podemos hacerlo después. Sólo en el momento presente, en el aquí y el ahora, es cuando podemos sentar las bases profundas y poderosas para el ensanchamiento de nuestra conciencia, que es el camino hacia la verdadera y duradera felicidad.

El hablar interno (nuestros pensamientos), nos modela constantemente; utilicemos este inmenso poder para recrearnos, para elevarnos, mediante la repetición de pensamientos positivos, bellos, armoniosos. Si en nuestros pensamientos no hay felicidad, tampoco podremos ser felices externamente. El presente con pensamientos alegres es un camino placentero que lleva a la felicidad, a pesar de contratiempos y dificultades, aunque pase en medio de dos abismos: el "pasado" y el "futuro". Si nos dejamos abatir por la tristeza, la añoranza, los resentimientos, las vicisitudes, caemos en el "pasado"; o si nos hundimos por la preocupación en el "porvenir", dejamos de avanzar hacia la felicidad.

Vivamos el presente con unidad de pensamiento y de acción. La unidad y concentración mentales nos proporcionan alegría y nos hacen más eficaces. En cambio, tener al mismo tiempo muchas cosas en qué pensar o por hacer, nos conduce al nerviosismo, la agitación y la angustia, letales enemigos de la felicidad.

Cuando vivimos con plenitud en el presente, nos alegramos al disfrutar un nuevo amanecer, al ir a nuestro trabajo, al dirigirnos a estudiar, al contar con la compañía de nuestros parientes y amigos, al ver crecer a nuestros hijos, sobrinos, o nietos, al sentarnos a leer un buen libro, ver una agradable película, un partido de nuestro deporte favorito. Sólo viviendo en el presente podemos ser plenamente felices; el pasado ya no existe, son sólo recuerdos; el futuro aun no llega y son meras expectativas que quizás no lleguen a hacerse realidad. Vivamos el presente y en él trabajemos con ahínco por la construcción de un mundo mejor, porque en él reinen el amor, la armonía, la concordia, la paz, la tolerancia, la felicidad en todas las personas. La felicidad *"no es grano para ser almacenado en una caja. No es vino a guardarse en una vasija. No puede conservarse para mañana. Debe sembrarse y cosecharse el mismo día y esto haré de hoy en adelante."*[16]

Le invito a un pequeño ejercicio: póngase frente a un espejo y piense que la criatura que está viendo reflejada es la obra de Dios; por lo tanto, decida ahora mismo ser feliz; porque la felicidad es una adquisición interior, no algo que nos llega de afuera. Además, la felicidad es un deber, no un derecho. Hay tantas cosas bellas para disfrutar en cada vida, a cada instante, y nuestro paso por la tierra es tan corto, que sufrir es una enorme pérdida de tiempo.

Si nos dedicamos a compararnos con otros, podemos sentirnos desdichados; ya sea porque ellos tienen más que nosotros o porque están sufriendo demasiadas privaciones o penas. Tenemos todo lo que por merecimiento kármico nos ha proporcionado la vida. Si queremos tener más, trabajemos duro y programadamente; seamos generosos, prodiguemos servicios con mucho amor.

Siempre es posible cambiar nuestra mente de la tristeza a la felicidad, de la depresión a la alegría, simplemente recordando que es nuestra autoimagen (la imagen falsa que tenemos de nosotros mismos) la que nos induce a sentirnos desdichados.

Quien no puede ser feliz con poco, tampoco lo será con mucho. La felicidad se conquista dentro de la sencillez y se disfruta en la abundancia. *"La riqueza no satisface; no llenó a 80 millonarios que se suicidaron en Estados Unidos en un solo año. Tampoco el placer, confundido con la felicidad. Muchos, por identificarlos, se entregan al vicio; pero encuentran humillación, hastío, enfermedad, remordimiento, muerte prematura... Tampoco nos llenan las diversiones inmoderadas. ¡Cuántos jóvenes sienten el vacío de su vida sin ideal! Tendrían que llenarlo con la satisfacción del deber cumplido o del sacrificio por una causa noble, pero se contentan con encubrirlo en un cúmulo de diversiones, o lo quieren ahogar con la risa chocarrera o la agitación desenfrenada. Nunca serán felices por ese camino. Felicidad es densidad de existencia o de vida.*"[17]

La felicidad se conquista como un estado superior del ser humano, mediante el trabajo para lograr la Armonía Interior, y estando en paz con todo y con todos. Para ello es preciso comprender que la felicidad es un estado creciente que siempre va de menor a mayor intensidad, ya que a medida que vamos obteniendo en mayor grado la Armonía Interna y logrando una mayor paz en la convivencia con nuestros semejantes y con la naturaleza, se va haciendo más grande nuestro estado de felicidad.

La felicidad es altruista, se oculta cuando la buscamos con egoísmo. Pero nos sale al encuentro, cuando sin mirarnos a nosotros, nos abrazamos con lo más noble: el deber, la virtud, el amor al prójimo, la acción fecunda. Si nos dedicamos a buscar nuestro gusto o capricho, nos deja un vacío profundo. En cambio sacrificarnos por el prójimo o por un ideal elevado, produce plenitud de satisfacción, que es felicidad duradera. La felicidad huye de la agitación y del desorden. La felicidad consiste en la consciencia íntima de satisfacción plena que absorbe todo nuestro pensar, desear y sentir. Cuanto más sana, ordenada y activa sea la vida que llevamos, mayor será nuestra felicidad.

"Las semillas de Dios están dentro de nosotros. Cuando emprendemos el viaje del espíritu, regamos con agua las semillas de la Divinidad. Una vida feliz no es más que el reflejo de nuestra intención interna. Con el tiempo, las flores de Dios florecen dentro de nosotros y a nuestro alrededor, y comenzamos a presenciar y a reconocer el milagro de lo divino a donde quiera que vamos."[18]

Resumen

La felicidad es un estado interno superior que conquistamos cuando actuamos conforme a la Divina Ley, cultivando el bien obrar, el bien hablar y el bien sentir. Cuando centramos nuestra felicidad en la conquista de bienes y objetos materiales, permitiendo que nos domine el consumismo delirante, generamos expectativas falsas que cuando no se concretan, nos generan angustia y frustración. Vivir dependiendo del pasado o pendientes del futuro nos causa desazón y angustia. Vivir en el presente, en el aquí y el ahora, nos proporciona el equilibrio necesario para conquistar la Armonía Interior. En la conquista de la felicidad tiene mucho que ver nuestro hablar interior, nuestro pensar; pues por medio de ellos es que construimos nuestro presente. Cuidemos entonces de que estos sean positivos, armoniosos, realistas, elevados.

Ejercicio práctico

Meditar en la felicidad

Siéntese cómodamente, cierre los ojos, e imagine que toda la humanidad ha alcanzado un estado de armonía, que hace que todos disfrutemos de completa felicidad. Repita mentalmente al menos siete veces la siguiente oración: "Que todos los seres sean felices, que todos los seres sean dichosos, que todos los

seres sean en paz." Realice esta
práctica durante cinco minutos una vez
por semana.

9. Amor verdadero

Si le preguntáramos al común de las personas: ¿Qué es el Amor? Muy seguramente responderían: "es querer a alguien". Y si continuáramos preguntando: ¿Qué es un gran amor? Quizás dirían: "querer apasionadamente."
Pues bien, estas respuestas están diametralmente alejadas de lo que es el verdadero Amor. En primera instancia, la palabra "querer" lleva implícito un alto grado de egoísmo, pues indica que se desea algo para sí, que hay un interés particular en la relación. En segundo término, la pasión nos aleja del verdadero amor, puesto que esta aparece cuando el instinto nos domina, cegando nuestro entendimiento y opacando nuestra sensibilidad. En este momento la relación se convierte en un desenfrenado goce sexual que poco

tiene que ver con el verdadero amor; y que por el contrario, es generador de conflictos, desavenencias, desengaños, sufrimientos y a la larga, de enfermedades; y paulatinamente va conduciendo a la degeneración de la raza.

La mayoría de las personas buscan que su pareja les haga felices. Están siempre a la espera de recibir algo de la otra persona; ya sea comprensión, caricias, placer, compañía, etc. Buscan la felicidad en el recibir, pero la felicidad real y duradera está en el dar, en el entregarse espiritualmente. Cuando se ama realmente, se desea fervorosamente que la otra persona sea feliz, que viva en completa armonía, que nada le falte. El enamoramiento no es amor sino deseo.

Estos desajustes en la relación de pareja conducen al apego, ya que mientras mayor goce encuentran en ella, mayor es el deseo de permanecer a su lado, más grande es el miedo de perder su compañía; y con el tiempo, este apego se convierte en algo enfermizo generador de disgustos, desajustes y enfermedades.

El amor es quizás una de las experiencias internas más incomprensibles y maravillosas para la humanidad; y sin embargo, cada individuo lo experimenta hasta cierto punto como un sentimiento personal. El amor no es un producto de la mente, ni es una acción intelectual, ni es un impulso instintivo, sino un fenómeno espiritual, emocional y psíquico que experimenta el Ser interior. Por este motivo el amor ha sido idealizado de tal manera, que la mayoría de las personas creen que es algo que está a cargo de la suerte, o que llega espontáneamente.

"El amor es la fuerza más poderosa del Universo, que nos unifica con todos los seres y toda la Creación."[19] El amor es una energía muy sutil que sobrevive a la muerte del cuerpo, ya que es experimentado por el Espíritu. Cuando percibimos el amor de esta manera, no sólo sentimos verdadero amor, sino que nos convertimos en amor, nos unimos a Dios que es Amor. El verdadero amor debe elevar a los seres; debe proyectarlos en la evolución; debe estar exento de egoísmo y de condicionamientos. El verdadero amor

debe ser un sentimiento sublime, desinteresado, altruista. Quien realmente ama, no busca satisfacciones egoístas sino que aspira a proporcionar felicidad y armonía al ser amado. El amor sincero hacia la pareja lo vive quien está en completa disposición para alejarse, si con ello abre paso a la felicidad de esa persona; en esta renuncia expresa el más puro y sublime amor. En donde hay verdadero amor no hay exigencias, no hay expectativas, no hay dependencia. De esta manera no sentimos tristeza si la persona amada se aleja, porque la hemos dejado libre; ya que no la hemos considerado como una posesión, y por lo tanto no hemos hecho depender nuestra felicidad de ella.

"La voluntad puede ejercer su dominio sobre todas las cosas, menos sobre el amor, porque el Amor es de Dios, y Dios no está sujeto a autoridad. El amor debe nacer en el alma y del alma. Debe ser un sentimiento dual; es decir, debe encontrar su compañera en otra alma predestinada que le ayude a realizar los más nobles y elevados fines de la existencia. Mediante su fuerza, se genera y mantiene la vida; sin ella, la

vida vuela hacia otras fases de la existencia eterna en busca otra vez de su amor. Nada es perfecto, nada es duradero sin la luz y el fuego de este sentimiento dual."[20]

La energía del amor verdadero se manifiesta en nosotros como un sentimiento de bondad, de altruismo, de entrega, de comunión con los demás seres. Es el sentimiento de renuncia de las madres ante las necesidades o peligros de sus hijos. Es el sentimiento de confiada entrega a la voluntad de la persona que hemos elegido como pareja cuando estamos enamorados. Pero en cambio, no es amor el deseo sexual; ni lo es la sensiblería de quienes se conmueven hasta las lágrimas con los dramas o "culebrones" de las telenovelas; tampoco es amor el posesivismo de algunos seres hacia su pareja; ni lo es el sentimiento de quien va en busca de su pareja con el afán de satisfacer sus deseos egoístas, sin procurar que la relación trascienda y sea enaltecedora para ambos.

¿Qué tenemos en la actualidad? Deseo desmedido de posesión: cada uno quiere dominar a su pareja. Interés personal: la gran mayoría buscan que su pareja les haga felices. Locura, desenfreno: las parejas se entregan al goce desmedido de la pasión sexual, lo que conduce a la degradación y al desperdicio de poderosas y valiosas energías que debieran ser empleadas para el crecimiento evolutivo de la humanidad. *"El amor surge entre el hombre y la mujer cuando su relación es de naturaleza sublime, pura, espiritual, libre del instinto material que acicatea al ser humano llevándole a sacrificar las energías de la vida, no en el proceso generativo que nos permite engendrar, sino en el placer efímero insustancial que lleva al agotamiento y al desgano."*[21]

El amor verdadero hace que pensemos más en la forma de hacer feliz a nuestra pareja, en lugar de esperar que ella nos proporcione placer. Si decimos o pensamos con respecto a nuestra pareja: "Te quiero", "Te necesito", "No puedo vivir sin ti", estamos carcomidos por el deseo y el egoísmo, generando apegos, pero eso no es amor. En cambio cuando sentimos verdadero amor estamos siempre pensando:

"¿Cómo puedo proporcionarle mayor felicidad a mi pareja?", "¿Qué debo hacer para que mi pareja progrese?", "Quiero que mi pareja nunca sienta tristeza o desilusión." El deseo y el apego son egoísmo en plena acción. El amor verdadero es altruista, generoso, tierno, romántico, valeroso y desinteresado.

Lo que el sexo une, el sexo lo separa. Lo que el amor une, es perdurable. Una relación que se basa sólo en lo material, en la atracción física, en el instinto psicosexual, termina en agresiones y desavenencias. Una relación basada en el verdadero amor, en la que la pareja acude poco al sexo y mucho al romanticismo, al sentido espiritual de la relación, a la unión de los corazones antes que a la conjunción de cuerpos, será un romance idílico que no tiene fin; por el contrario, cada día esta pareja se siente más unida, más armoniosa, más plena de amor. Cuando no se malgasta la energía generadora en locuras eróticas, somos más románticos, más magnéticos, más poderosos, más atractivos, más armoniosos, más felices. Observen por ejemplo, las parejas que no comparten el mismo techo, o que por circunstancias de trabajo o de otra índole sólo pueden encontrarse cada semana, o dos o tres veces por mes. Cuando en esas parejas hay fidelidad, cada vez que se encuentran es como si acabaran de conocerse; todo es romance, ternura, caricias, dulzura; no obstante, cuando se exceden dando rienda suelta al instinto psicosexual durante los días del encuentro, se presentan desavenencias y roces.

Para que nuestra relación sea sana, evitemos que nos dominen el egoísmo y la pasión, sublimando la energía generadora para elevarla a regiones celestes, con el fin de crecer evolutivamente y encontrar armonía y felicidad permanentes para ambos componentes de la pareja. Ya es tiempo de que realicemos las enseñanzas del Divino Maestro de Nazareth, que hace más de 2.000 años nos dejó el más grande mandamiento, el del verdadero Amor: *"Os doy un mandamiento nuevo: que os améis los unos a los otros. Que, como yo os he amado, así os améis también vosotros los unos a los otros."* (Juan 13:34) ¿Y cómo nos ha amado

Él? Con pureza, con altruismo, con bondad, con entrega desinteresada total y absoluta.

Resumen

El amor verdadero es inegoísta, omniabarcante, desinteresado. Basados en el querer o en el deseo, estamos siempre esperando a que nuestra pareja nos haga felices. Debemos revertir esta situación y amar pensando en la forma como podemos hacer feliz a nuestra pareja, y dar un paso más para poner en práctica las enseñanzas del maestro Jesús, quien nos exhorta a amar a nuestros enemigos, a quienes nos ofenden. El amor verdadero es bondad, altruismo, entrega, comunión con los demás seres. Es tener la capacidad de alejarnos de la persona amada, con tal de que ella (él) sea feliz. La unión basada en el sexo, en la atracción física, irremediablemente termina en ruptura y enemistades. La unión basada en el amor verdadero, sublime, es duradera.

Ejercicio práctico

Meditar en el amor

Siéntese cómodamente, cierre los ojos, y reflexione acerca de las enseñanzas del divino maestro Jesús, y de sus exhortaciones para que nos amemos como hermanos, y para que amemos a nuestros enemigos u opositores. Realice esta práctica durante cinco minutos una vez por semana.

10. La dualidad de la energía

En la Naturaleza todo es bipolar; es la forma como podemos avanzar en la evolución, ya que los pares de opuestos siempre nos están compeliendo a obrar en un sentido o en otro. Es en la resistencia a las tendencias negativas como se vigoriza nuestra disposición positiva. Sin esta oposición de fuerzas no serían posibles la evolución ni el progreso. La bipolaridad es la que permite que surja el movimiento. Así como en la electricidad se requieren dos polos para generar movimiento; de la misma forma como en el océano existen pleamar y bajamar; de igual manera que existen el día y la noche; de la misma forma que en los animales existen hembra y macho; asimismo los seres humanos nos dividimos entre hombres y mujeres, cada uno cumpliendo una función muy específica dentro del concierto evolutivo. En este aspecto el hombre es positivo (magnético) y la mujer negativa (eléctrica). *"Todo lo que viene de lo indiferenciado a lo diferenciado, de la energía a la sustancia y de ésta a la forma, procede, sin excepción ninguna, de la convergencia o cruzamiento de dos fuerzas, las que dan lugar a un tercer estado o condición."*[14]

El eterno ciclo de la energía consiste en ir de lo masculino a lo femenino y viceversa, ir del día a la noche y de la noche al día, de lo caliente a lo frío y de lo frío a lo caliente, de la luz a la oscuridad y de esta a la luz, para que así exista el movimiento, el cual es imposible mientras haya equilibrio, porque el equilibrio implica quietud, estatismo. Tan sólo con el movimiento de un polo a otro de las energías se da el cambio, que es una transformación constante.

Espíritu y Materia, son los dos polos de la Cosa Única y Eterna de la que todo ha emanado, y a la que unos llaman Dios, otros Alah, otros Inteligencia Infinita, otros Brahma, otros Naturaleza, pero que en definitiva, es el Gran Arquitecto que ha emanado y mantiene en Sí y por Sí los universos y mundos.

La eterna dualidad es un aspecto grandioso e imponderable de la Divinidad, que tiene su expresión en la Naturaleza; pero como está presente de manera permanente en todo y en todos, no tomamos consciencia de él por parecernos demasiado corriente. No obstante, es una de las más sublimes manifestaciones del Ser Supremo, y es mediante esta forma que todo viene a la existencia en el Universo al poner en movimiento infinidad de fuerzas.

Esta expresión dual de la Naturaleza se puede observar hasta en las más minúsculas partículas, ya que la encontramos en los átomos, de los cuales hay de naturaleza positiva denominados cationes, y de naturaleza negativa llamados aniones, los cuales al conjugarse en un amoroso y sublime abrazo alquímico, dan origen a las moléculas que luego van a generar los compuestos que conforman lo que llamamos materia. De esta forma surge el agua a partir del maridaje entre dos átomos de hidrógeno y uno de oxígeno, que aunque son dos gases de carácter altamente explosivo, al unirse pueden sofocar el fuego.

Por ser el corazón el más evolucionado de los órganos del cuerpo, está formado por fibras de una mayor sutilidad, y es el eje central de nuestro desarrollo evolutivo en el actual período terrestre. *"Por eso los Rosacruces enseñan a meditar en el corazón; no en el corazón en sí mismo como órgano físico, sino en el arquetipo energético vital o etérico llamado cardiferous que es la contraparte sutil del corazón, que es como un molde de energía, como un mar de luz en el cual se halla inmerso el corazón, de donde se deriva toda la posibilidad de divinización del ser humano."*[21]

Cuando entre las parejas existe verdadero amor, se produce dentro del corazón la vibración de un átomo de naturaleza crística, cósmica, haciendo surgir de él la armonía y la sensibilidad que nos ayudan a despertar en consciencia. Este átomo es sólo una parte de la dualidad, y su parte complementaria es un átomo que se encuentra en el tálamo óptico en el centro del cerebro.

"Consciencia y sensibilidad, pensar y

Armonizando pensar y sentir, podemos encontrar el camino de la felicidad al equilibrar nuestro sensorio interior, lo que nos conduce por la senda de la verdad, la belleza y el bien; y con ello fortalecemos nuestra salud física y nuestra Armonía Interior, para convertirnos en luminarias que alumbren el sendero de otros miembros de la humanidad. Por supuesto que esto no es posible lograrlo de la noche a la mañana; se requieren varias encarnaciones de trabajo esforzado y persistente para vislumbrar los avances, pero paulatinamente vamos percibiendo y sintiendo el despertar de las magnas energías en nuestro Ser, cuando nos dedicamos con esmero a esta noble labor.

El señor Buda nos enseñó, que es mediante la eterna ley de la bipolaridad que conquistamos felicidad y armonía, pero que también cuando inclinamos la balanza hacia el lado equivocado generamos desdicha y dolor al emplear inarmónicamente nuestras sagradas energías. Nos dice que mediante el magno poder de la bipolaridad podemos elevarnos a niveles espirituales muy altos, pero que también podemos encadenarnos al mundo material por millares de encarnaciones rezagando nuestro progreso evolutivo, dependiendo de qué tan fuertes sean nuestros apegos a la materia; ya que lo que más nos mantiene atados a la cadena de renacimientos en este plano terrenal es el apego a personas, seres o cosas; pues estos apegos nos obligan a venir una y otra vez, encarnación tras encarnación a satisfacer nuestros deseos materiales, hasta que a través del dolor aprendamos a liberarnos de esas apetencias de orden material y trascenderlas hacia anhelos más espirituales y elevados, que nos permitan encumbrarnos a regiones celestiales en las cuales podamos avanzar evolutivamente hacia niveles superiores de consciencia.

La bipolaridad del Ser humano a nivel

material se expresa en el hombre y la mujer, que como pareja debemos aprender a admirarnos con espiritualidad, a acercarnos con devoción, a amarnos verdaderamente sin egoísmo, sin lujuria, a vernos como seres espiritualizados y divinos, a sentirnos unificados como pareja formando un solo Ser, que a su vez forma parte de la Divinidad.

Las parejas que viven en armonía, respetando la sagrada energía genésica, llevan su vida como si estuvieran en el Paraíso; son más armoniosos, más sensibles, más bondadosos. Para ellos se han acabado las dificultades de todo orden, porque permanentemente están construyendo un mundo positivo, mediante el adecuado empleo de la poderosa simiente emanada de la bipolaridad.

En el lado opuesto, las parejas y personas que desequilibran sus energías entregándose a la lujuria, dejándose llevar por el instinto psicosexual, viven en continuas reyertas, son agresivas, egoístas, han perdido su armonía por el abuso de esa poderosa y maravillosa energía dadora de la vida y de la luz. Cuando estos desequilibrios no terminan en hechos sangrientos o en homicidios, las parejas terminan separándose para ir cada quien en busca de otras personas que les den satisfacción, pero al continuar en la misma tónica de desperdicio de las sagradas energías, vuelven a repetir las mismas situaciones en un círculo vicioso hasta que terminan consumidas, decepcionadas, amargadas, llevando a cuestas las cargas kármicas correspondientes, y como lógica consecuencia, en esta o en futuras encarnaciones recibirán los dolorosos efectos de sus desmanes.

"Solamente cuando el hombre aprenda a sentir como artista, a cultivar en sí mismo la estética, la sensibilidad, podrá acercarse a la mujer y comprenderla; solamente cuando la mujer sea más consciente de las leyes de la vida y de la evolución y no se limite a ese pequeño universo que es ella misma sino que sea mucho más expansiva en su consciencia; en ese momento ella podrá ir comprendiendo al varón. En otras palabras, que la mujer trabaje más en el mundo de la consciencia porque ella es

prácticamente sensibilidad, y que el hombre trabaje más en la sensibilidad porque es tremendamente racional y está más del lado de la consciencia."[21]

Resumen

Todo en el universo es dual. Magnetismo y electricidad, pleamar y bajamar, día y noche, sombra y luz, etc. Hasta en las más minúsculas partículas se puede observar esta manifestación bipolar. Esta oposición de fuerzas es indispensable para que pueda haber progreso y evolución. Es mediante el magno poder de la bipolaridad, que todo cobra existencia en el Universo. Armonizando pensar y sentir, podemos llegar a conquistar la verdadera felicidad, como un estado interior de armonía permanente. Como pareja (hombre y mujer), debemos admirarnos con estética, devoción, respeto, y así viviremos en armoniosa unión de cuerpos y almas, creciendo evolutivamente y progresando materialmente.

Ejercicio práctico

Meditación de la semilla

Siéntese cómodamente, cierre los ojos, e imagine que tiene entre sus manos una semilla, por ejemplo de naranjo. Visualice cómo dentro de esa pequeña semilla se encuentra potencialmente la energía Divina, y que debidamente cuidada podrá dar origen a muchos árboles que con sus frutos producirán nuevas semillas que podrían poblar el mundo de naranjos, a partir de esta única simiente. Vea con los ojos de la imaginación cómo planta la semilla en la tierra, la abona y la riega, cómo el sol y la tierra le transmiten su poder dador de vida, cómo sale un tierno brote, que poco a poco va creciendo y llega a ser un arbusto, luego un árbol que se llena de flores y luego de frutos, y cómo usted toma uno de esos frutos cuando está maduro y lo degusta. Realice esta práctica durante cinco minutos una vez por semana.

11. ¡Cuidado con las palabras!

Dice Jesús a sus discípulos: *"No lo que entra en la boca contamina al hombre; mas lo que sale de la boca, esto contamina al hombre."* (Mateo 15:11) Con esto quiere decir que nuestros males no provienen generalmente de lo que ingerimos, sino de lo que decimos. Las palabras son creadoras por excelencia y con ellas podemos crear belleza, prodigar amor, sembrar esperanza, si estas son armoniosas, veraces, bien pensadas. Si en cambio son ásperas, falsas, cargadas de odio, envidia, chismes, producen mucho daño, tanto en las personas afectadas, como en el ambiente y en nosotros mismos; ya que como bien sabemos, todo lo que sale de nosotros regresa como lógica consecuencia por acción de la Divina Ley de Causa y Efecto.

El ser humano para poder escuchar la voz del silencio, que es su propia voz y su íntimo sonido, tiene que ejercitarse aprendiendo el arte de acallar todas las voces discordantes, falsas, destempladas e inarmónicas de su naturaleza humana, para escuchar la voz del Verbo de Vida, de la Divinidad en lo interno de su ser. El Verbo de vida o energía generadora, mediante el lenguaje se transforma en el Verbo Divino (palabra, pensamiento, imaginación). Los dos están íntimamente relacionados.

"Axiomáticamente podemos decir: todo lo que es hablado por nosotros se convierte en fuerza inevitable con sus naturales efectos consecuenciales; es decir, emergentes de la cosa dicha; si lo que hablamos es bueno, es noble, es verdadero, y fue exteriorizado con frases bellas, todo este poder servirá para edificarnos y elevarnos; al contrario, si lo que decimos es falso, es de doble y vulgar sentido, es picante, es sensual y sexual, no hay procedimiento alguno para evitar sus fatales consecuencias; por eso con sapiencia dijo el Apóstol, que la lengua inflama la rueda de la creación, y es inflamada por el infierno (condición inferior), o por el cielo (éxtasis

o armonía espiritual), según la índole, forma y tono de las frases pronunciadas. [...] El sendero de la educación de la palabra, hasta alcanzar el sentido hondo y profundo que en sí tiene el Verbo de Vida, como Magno Misterio de la existencia, es algo que requiere más cuidado, más atención y mayor sensibilidad que ningún otro procedimiento de educación endotérica."[22]

El sonido de las palabras tiene influencia poderosa en los más íntimos resortes de nuestra vida anímica. El modo como nos expresamos da clara cuenta de nuestro nivel de evolución. Si hablamos de manera ordinaria, soez, descuidada, es muy escasa nuestra evolución; mientras que si hablamos de manera armoniosa, bella, pensada, nuestro grado de evolución es mayor. Cuidemos mucho la forma como empleamos nuestro sagrado Verbo; de la manera como hablemos y de las cosas que digamos dependen nuestra salud física y espiritual, nuestro futuro y el de otras personas, nuestra armonía y la del ambiente, nuestra evolución y nuestra longevidad.

En nuestra expresión hablada se impone la prudencia; debemos decir siempre la verdad, y exteriorizarla de manera bella, justa, exacta y melodiosa. Una palabra mal dicha puede causar grandes daños, mucho dolor y dificultades. En cambio si es bien dicha, con afecto, ternura, suavidad, puede hacer mucho bien, y conducir a que las personas sean felices, prósperas, armoniosas. Si nos expresamos de manera hiriente, estamos lastimando a otros y produciendo el germen de enfermedades que luego aparecerán en nosotros, y no sabremos de dónde o cómo aparecieron. Si hablamos mal de otros, estamos faltando a la caridad y a la verdad, y como lógica consecuencia recibiremos el efecto de nuestra maledicencia en forma de padecimientos en nuestro cuerpo. Si estamos habituados a la coprolalia, esto es, a expresar continuamente palabras soeces, ordinarias, groseras, estamos manchando nuestra alma, y esto a la larga será causa de males físicos y emocionales. Si nos expresamos continuamente de manera negativa, pesimista, estamos sembrando fracasos, contratiempos, escasez, pesadumbre, para nuestro futuro y el de quienes dependan de nosotros. Si malgastamos nuestras energías hablando tonterías, estamos acortando nuestra vida; ya que el uso de la palabra de manera inarmoniosa acorta la existencia, debido a la cantidad de males que nos acarrea por la malversación de las energías vitales que este acto implica, mientras que si se emplea de manera positiva, expresando sólo lo bello, lo sublime, lo verdadero, nuestra vida será más larga, más sana y más armoniosa.

Entre personas religiosas o espirituales se observa por tradición la costumbre de bendecir. La palabra "bendecir", significa decir bien las cosas, expresar buenas intenciones, pensamientos y deseos. Se trata de pronunciar palabras que aporten el bien. Hablar es en realidad un acto de magia; por esta razón debemos hablar con mucha responsabilidad, pensando y cuidando lo que decimos, y la forma como nos expresamos. *"También vosotros tenéis que acostumbraros a bendecir y a pronunciar hermosas palabras. Cuando acariciáis la cabeza de vuestro hijo, sus pies, sus manos; o incluso cuando tenéis en vuestros brazos al ser que amáis, ¿por qué no bendecirlo para que los ángeles lo conviertan en un ser magnífico? Hay que bendecirlo todo, todo lo que tocáis, los objetos, la comida, los seres humanos. Hay que hablar con amor y dulzura, no sólo a los seres humanos, sino también a las flores, a los pájaros, a los árboles, a los animales, porque el hacerlo es un hábito divino.*"[23] Si se habla bella y armoniosamente a las semillas, las flores, los árboles antes de plantarlos en la tierra, obtendremos mejores resultados cuando germinen y crezcan.

La Biblia es un tratado de ocultismo endotérico, escrito por ocultistas y para ocultistas, en el cual se estudia el tono, el sonido convertido en Verbo de Vida (palabra, pensamiento, imaginación). Recordemos que por medio del Verbo de Vida fue creado el Universo. Así lo expresa el Evangelio de Juan en los primeros versículos. Un texto al que pocos han encontrado su real y profundo sentido a pesar de que lo hemos escuchado y leído muchas veces, pues siendo tan sublime y trascendente, aunque ha pasado tantas veces por nuestras manos, nuestros ojos y nuestros oídos, no ha estado al alcance de nuestra consciencia. He aquí estas líneas plenas de sabiduría y poder. "*1:1 En el principio era el Verbo, y el Verbo era con Dios, y el Verbo era Dios. 1:2 Este era en el principio con Dios. 1:3 Todas las cosas por él fueron hechas, y sin él nada de lo que ha sido hecho, fue hecho. 1:4 En él estaba la vida, y la vida era la luz de los hombres. 1:5 La luz en las tinieblas resplandece, y las tinieblas no prevalecieron contra ella.*" Por deficiencia en la interpretación, estas palabras aparecen en pretérito; pero en realidad deben expresarse en presente, puesto que La Divinidad sigue y seguirá actuando por toda la eternidad, y sigue siendo el principio de todo cuanto existe o existir pueda.

Nuestra expresión verbal debe ser bella, armoniosa, veraz, serena, melódica, pensada, sensata, para que sus vibraciones acrecienten en nuestra alma y la de quienes nos rodean, pensamientos, sensaciones y cualidades de orden positivo y más elevado. "*Antes de que hables, pregúntate: Lo que voy a decir ¿es útil?, ¿es bueno?, ¿es verdadero?, ¿es armonioso? Cuando no puedas contestar afirmativamente a estas preguntas, desciende al fondo mismo de tu consciencia. Parla, escucha, ve, observa, medita y pon una nota, una larga nota de silencio, al agrio diapasón de tus propias sugerencias...*"[24]

Hoy somos el fruto de nuestro ayer, y el mañana será naturalmente la consecuencia sumada del ayer y del hoy; por eso tenemos que impresionarnos con el pensamiento de estar atentos a cada palabra, llevando a cabo este ejercicio de meditación sobre la idea precisa de ennoblecer nuestro Verbo, práctica que debe hacerse al entregarnos al sueño y al despertar, ya que en esos momentos el endoconsciente recibe y se apropia con facilidad de todas las ideas que pongamos en nuestra mente y con las cuales nos autosugestionamos.

Si constantemente faltamos a la verdad, estamos sembrando karma negativo que hará regresar a nosotros esa falsedad como enfermedad, desarmonía y carencias en nuestra vida. En cambio, si pensamos antes de hablar para decir siempre la verdad, de manera bella y armónica, con palabras dulces y suaves cargadas de amor y respeto, estaremos caminando por los senderos del bien, de la bondad, de la evolución consciente, atrayendo hacia nosotros energías positivas que harán que nuestra vida sea más placentera, más próspera, más plena de bondad y belleza.

"El más importante de los trabajos a realizar por el esoterista es, según el concepto común y corriente, alcanzar el dominio propio; para verificar tal trabajo, las diferentes escuelas en boga aconsejan el dominio del deseo, del pensamiento, y el control de la acción; mas no es posible obtener el control real de ninguno de aquellos vehículos humanos, si no establecemos dominio de nuestra lengua, ya que dominada ella, se tiene control sobre toda nuestra estructura física, intelectual y moral. Cualquiera que dedique alguna atención a esta auto-cultura trascendentalísima de por sí, descubrirá en ella el camino real de la sublimación y educación de su personalidad."[22]

Tengamos siempre presente que son

muchos los que siguen nuestro ejemplo, y todos nuestros errores son multiplicados por ellos; así como también todos nuestros aciertos son acrecentados por quienes los reciban como orientación para sus vidas. Para entrenarnos en el dominio del Verbo, debemos aprender a escucharnos, estar atentos a cada palabra que pronunciamos, para saber si es recta, justa, exacta, y además, si es rítmica y melodiosa.

Propongámonos a partir de este momento y emitir sólo palabras positivas, armoniosas, plenas de verdad, belleza, bondad, buenas intenciones, sinceridad, y suprimir la coprolalia de nuestro léxico. De esta manera estaremos trabajando en forma positiva para nuestra evolución y la de quienes comparten con nosotros en esta encarnación.

Resumen

La palabra es un poder creador y uno de los principales factores para la elevación o degeneración del ser humano, y con ella podemos elevar o envilecer a otros o a nosotros mismos. Cuando hablamos de manera disonante, emotiva, mintiendo, expresando palabras soeces, ordinarias, nos estamos degradando, y caminamos hacia el dolor, los disgustos, los desajustes y las enfermedades. Si nuestras palabras son amorosas, dulces, plenas de armonía, sinceras, veraces, bellas, estamos transitando la senda del bien, y cosecharemos prosperidad, concordia, salud plena, y estamos generando bondad y armonía en nosotros y en los demás. La coprolalia es uno de los mayores males de la humanidad, que conduce a que las generaciones futuras sean más degeneradas, enfermas, egoístas y negativas que las actuales.

Ejercicio práctico

Meditar en el poder del Verbo

Siéntese cómodamente, cierre los ojos, y medite acerca del inmenso poder del Verbo (la palabra, el pensamiento y la imaginación). Piense en que cuando pensamos, imaginamos o emitimos una expresión hablada, estamos dando creación a cosas que serán realidades tangibles en un futuro inmediato. Por esta razón, tenemos que ser muy responsables cuando emitamos cualquier manifestación del Verbo. Realice esta práctica durante cinco minutos una vez por semana.

12. La fuerza de los hábitos

Realmente nuestra vida, nuestra conducta, nuestro comportamiento, están conformados por una amplia colección de hábitos o costumbres que hemos ido adquiriendo a través del tiempo. Se dice erróneamente que *"genio y figura hasta la sepultura"*; esta aseveración ha servido a millones de personas para camuflar su modo de ser burdo, ordinario o apocado, sosteniendo: "yo soy así, y no puedo cambiar". Pero lo que deberían decir estas personas es: *"me he formado hábitos negativos y hoy soy esclavo(a) de ellos, y no estoy dispuesto(a) a realizar el esfuerzo que requiere cambiar."* Aunque son meras excusas, muchos creen sinceramente que su modo de actuar aprendido en la niñez o la juventud, no puede ser modificado.

Es tan sólo una manera de actuar, una

forma de desempeñar un rol que la fuerza de la costumbre nos ha impuesto, y que por lo general viene acompañado de un repertorio de disculpas presentes en nuestro diálogo interior, en nuestros pensamientos. Pero todo hábito negativo puede ser cambiado por otro de carácter positivo; toda costumbre inadecuada puede ser convertida en hábitos más pertinentes, más sanos, más armoniosos; cada vicio puede ser transmutado en una virtud.

Por supuesto que no se trata de una tarea sencilla, ya que por lo general nuestros hábitos más perniciosos los venimos cultivando durante muchos años, algunos a través de varias encarnaciones, y debido a que están muy arraigados en nuestra conducta, tenemos que realizar una ardua labor para conseguir superarlos. Llevando a cabo un plan adecuadamente trazado, visualizándonos por medio de imágenes vívidas realizándolo exitosamente, podremos poco a poco ir conquistando lo que en apariencia pueda parecernos imposible de realizar. Para eso tenemos el inmenso poder de la voluntad que es omnipotencia en el hombre, y que debemos cultivarlo como atributo de nuestro Ser interior, apoyado por una poderosa imaginación. Inicialmente debemos realizar actos sencillos para canalizar nuestra fuerza volitiva, hasta que esos pequeños actos se conviertan en grandes acciones y el poder de nuestra voluntad sea superior. Voluntad e imaginación, son dos de los más grandes atributos que nos ha conferido la Divinidad; pero tenemos que forjarlos y acrecentarlos en nuestro ser, para que lleguen a convertirse en poderosas herramientas para nuestro desarrollo evolutivo.

Cualquier incidente de la vida por insignificante que parezca, indudablemente tiene por causa un hábito cuyo origen por lo general desconocemos conscientemente. La mayoría de las veces actuamos dominados por estructuras inconscientes generadas en el pasado, y que controlan nuestra vida y nuestras acciones; estructuras que a menudo son manipuladas por otros para movernos a actuar de determinada forma, como sucede con los comerciales que intentan imponernos conductas de compra arbitrarias mediante frases e imágenes sugestivas o mensajes subliminales. *"Estos mensajes no son diseñados para informar, sino para dirigir y condicionar, dividir y gobernar. Los manipuladores políticos, económicos, religiosos y científicos se colocan entre la verdad y la mente consciente humana."*[25] En estas condiciones no somos más que robots gobernados por fuerzas externas y extrañas que se disputan la supremacía y que aspiran a obtener el máximo control de los centros de comando de la máquina en la que nos hemos convertido. Somos esclavos de nuestros hábitos y pensamos erróneamente que no está en nuestras manos cambiar.

En la medida en que nos hacemos dueños de nuestra vida mediante el análisis y transmutación de los hábitos, vamos conquistando la independencia que nos hace libres, que nos convierte en capitanes de nuestra vida. Mediante el autoanálisis podemos "descomponer", "desarmar" la estructura de nuestros hábitos, y de esta manera iniciamos el proceso para su desintegración gradual. Dejemos las disculpas para los mediocres que creen que excusándose a cada momento, logran justificar sus comportamientos equivocados. Busquemos el camino de la verdadera libertad, convirtiéndonos en dueños y motores de nuestro destino, en los amos de nuestra vida, en los generadores de todas las metas positivas que podamos concebir, en sembradores de paz y armonía.

Estar repitiendo "yo soy malgeniado desde niño"; "yo soy depresivo por naturaleza"; "yo soy tímido porque nací bajo tal signo"; etc., es otro hábito muy nocivo, ya que con estas expresiones fortalecemos estas conductas y hábitos negativos. Por el contrario, empleemos frases positivas para generar cambios en nuestro proceder, como: "yo puedo superar mis flaquezas"; "yo estoy cambiando mis hábitos negativos por otros positivos"; "yo soy una persona de buen genio"; etc.

Por andar dormidos, con la mente cerrada, hemos dejado que nuestra psiquis se endurezca. De manera obstinada y perniciosa tememos al cambio, a pesar de que muchos lo deseamos y algunos sabemos que lo necesitamos. Consultamos a psicoterapeutas y psicoanalistas, asistimos a conferencias y talleres, "devoramos" decenas de libros de autoayuda, escuchamos cientos de audios de autosuperación, y sin embargo, todo parece quedar en la nada. ¿Qué pasa entre esa información que llega a nuestra mente y la dificultad para autoaplicarla con el fin de conseguir la tan deseada transformación? ¿Por qué nos resulta tan difícil poner en acción lo que aprendemos?

Es que queremos cambiar pero sin abandonar los viejos y rígidos esquemas con los que hemos manejado la vida. Estamos íntimamente convencidos de que el cambio debe venir desde afuera, del profesional, del conferencista, del autor del libro, ya que creemos que ellos conocen el secreto de la felicidad, el enigma de la vida, el recóndito y profundo sentido de la existencia. Constantemente preguntamos: "¿Cómo puedo ser feliz?" Pero no nos cuestionamos acerca de si estamos realmente tomando conciencia del curso y transcurso por los que conducimos nuestra propia existencia.

De la cuna a la tumba la vida es una escuela maravillosa; en nuestro permanente accionar, manteniendo despiertos, alerta nuestro sentido de observación, podemos descubrir y modificar los hábitos perniciosos que nos llevan a obrar de manera inconveniente. Observación, reflexión, visualización y acción, son los cuatro factores básicos para disolver las costumbres inconvenientes, los hábitos malsanos, nuestros vicios. **Primero:** observamos nuestro comportamiento actual. **Segundo:** analizamos este comportamiento en cuanto a su posible origen, las consecuencias que genera, y cuál puede ser el modo de obrar más adecuado. **Tercero:** nos visualizamos nítidamente con los ojos de la imaginación, dominando la situación negativa que necesitamos corregir, y actuando de forma positiva, felices de fortalecer el autodominio. **Cuarto:** llevamos a cabo las acciones correspondientes para establecer un hábito positivo en lugar del vicio que deseamos superar.

Muy a menudo, tomamos decisiones

obsesionados con si tendrán o no consecuencias o resultados positivos inmediatos. Lo queremos todo hoy. No mañana, ni la semana próxima, ni al final del año; pero los resultados no se ven. Resulta más fácil culpar al destino, a otras personas o acontecimientos, al mal tiempo, etc., que admitir que obramos de manera equivocada o precipitada; y continuaremos así hasta que hagamos dos cosas: **Primera**, aceptar la responsabilidad de nuestras acciones; es decir, admitir que estamos actuando mal, irreflexivamente, que nos estamos dejando dominar por hábitos negativos. **Segunda**, que realmente deseemos cambiar, que veamos con claridad el prometedor panorama que se nos presenta como resultado de reorientar nuestras acciones, de reestructurar nuestros hábitos, de reacondicionar nuestra vida de una manera más positiva, de ser mejores personas.

"Con la voluntad –el poder de elección consciente– los seres humanos pueden formular intenciones, trascender sus instintos y deseos, educarse a sí mismos, y dirigir el mundo natural. Desafortunadamente, los humanos

también pueden usar este poder para explotar la naturaleza y tiranizar a otros seres humanos. Esta potencialidad de la voluntad, que por un lado puede conectarnos a la armonía consciente, también nos puede llevar en la dirección del alejamiento de esta misma armonía."[26]

La vida es dinámica y está en constante movimiento; pasa demasiado rápido. Cuando menos pensamos, nos damos cuenta de que la hemos desperdiciado vanamente. La labor de transmutación de hábitos es un trabajo gradual, y no debemos desanimarnos cuando a veces parezca ser una tarea imposible. Las caídas no importan, lo valioso es la lucha; esta va creando historia en nuestro endoconsciente y poco a poco el viejo hábito va debilitándose hasta que con voluntad, imaginación, paciencia y constancia logramos imponer la nueva conducta. A través de pequeñas victorias conquistamos grandes triunfos. En este proceso es de gran trascendencia permanecer atentos a nuestros actos, reacciones, palabras, imágenes, pensamientos, ya que de allí proceden nuestros hábitos; y en la medida en que descubramos sus brotes podremos controlarlos, y en lugar de reaccionar automáticamente, actuar reflexiva y conscientemente en cada situación.

De esta forma podemos cambiar hábitos nocivos como la glotonería o gula, el mal genio o irritabilidad, la pereza, la lujuria, la indecisión, la maledicencia, la negatividad, el pesimismo, la coprolalia, la envidia, los celos, la irascibilidad, el miedo, la agresividad, la impuntualidad, el inmediatismo, el facilismo, la mentira, la hipocresía, la codicia, el egoísmo, el odio, el rencor, el alcoholismo, el tabaquismo, la dominación, la impaciencia, la pornografía, el bisexualismo, la deshonestidad, la vanidad, la infidelidad, la malicia, la masturbación, el lesbianismo, la homosexualidad, la intolerancia, los prejuicios, los apegos, y en fin, todo ese cúmulo de actitudes negativas y vicios que nos llevan a obrar en forma contraria a la Divina Ley, y que en la mayoría de casos nos indisponen con otras personas o nos generan males de diversa índole.

Aunque luego de actuar mal irreflexivamente, muchas personas se arrepienten y se sienten apenadas por ello, "*la tendencia a repetir el mal de sus vidas pasadas subsiste, porque debemos aprender a obrar con rectitud, conscientemente y por propia voluntad. Ocasionalmente estas tendencias nos tientan, proporcionándonos así oportunidades de dominarnos a nosotros mismos e inclinarnos hacia la virtud y la compasión, y oponernos a la crueldad y al vicio. Pero para indicarnos la rectitud en el obrar y ayudarnos a resistir los sofismas e impulsos de la atención, tenemos el sentimiento que resulta de la purificación de los malos hábitos y la expiación de los malos actos de nuestras vidas pasadas. Si escuchamos esa voz y nos abstenemos del mal que nos tentaba, la tentación cesa. Nos liberamos de ella para siempre. Si caemos de nuevo, experimentaremos un sufrimiento aún mucho más agudo que antes, hasta que aprendamos a vivir la Regla de Oro, porque el destino de los transgresores es muy duro. Y aún así no hemos llegado todavía al fin. Hacer el bien a los demás porque deseamos que ellos nos lo hagan a nosotros es esencialmente egoísta. A su debido tiempo deberemos aprender a hacer el bien sin mirar cómo nos tratan los demás; como Cristo dijo, debemos amar a nuestros enemigos."*[27]

Ningún maestro, libro o consejo puede enseñarnos tolerancia; esta sólo surge de nuestro corazón cuando nos confrontamos con nuestros enemigos, contradictores u opositores. Aquellos a quienes llamamos "nuestros enemigos" son en realidad nuestros mejores maestros, nuestros más encumbrados guías espirituales; ya que en la tolerancia que forjemos al interactuar con ellos revistiéndonos de una fuerte coraza de paciencia, el alma se fortalece, la voluntad se agiganta y el cuerpo no se envenena con la gran cantidad de secreciones internas que producen los accesos descontrolados de ira, los sentimientos de odio. Comprendiendo esto, debemos tener mucho respeto por nuestros opositores y contradictores, por nuestros enemigos si acaso tenemos alguno.

Si alguien armado nos amenaza, no es la persona la que nos hace sufrir, sino el arma (así el arma sea su brazo, su pie, etc.). Yendo más hondo encontramos que la causa de nuestras inquietudes son realmente las emociones aflictivas y conflictivas presentes en la mente de esa persona; por lo tanto, nuestro enfado debe dirigirse a esos sentimientos y emociones; porque una persona que no esté enojada no pretenderá lastimarnos. Por lo tanto, el producto del enfado es algo temporal que oscurece su alma, como una nube oculta temporalmente la luz del sol. Si en lugar de ser amenazados con un arma física somos agredidos con palabras, debemos proceder de manera similar en el análisis.

Visto desde otro ángulo, nuestra propia naturaleza sensible es la que nos hace sufrir cuando tenemos en presencia a alguien que nos agrede, y por lo tanto, la mitad de la falta es nuestra, en la medida que permitimos que las emociones afloren como resultado de las palabras ofensivas que escuchamos; también podría ser que en nosotros haya algo de soberbia, de quisquillosidad, de intolerancia, de tal manera que así como no debemos enfadarnos con nosotros mismos, tampoco hemos de enojarnos con nuestro agresor, y en cambio sí debemos ser comprensivos y tolerantes. Recordemos que los demás quieren su felicidad en lugar de sufrimiento; así, una vez que hayamos forjado suficiente paciencia y tolerancia para neutralizar los ataques de nuestro agresor, debemos buscar la forma de mostrarle nuestro amor y respeto, con lo cual podríamos llegar a hacerle cambiar de actitud hacia nosotros, convirtiéndolo en nuestro amigo.

Con mucha frecuencia nuestros vicios más arraigados u ocultos provienen de la concurrencia de un conjunto de hábitos malsanos que hemos venido cultivando por espacios prolongados de tiempo. Dejarnos llevar de nuestros hábitos perniciosos nos genera karma negativo, y en consecuencia, estamos sembrando sufrimientos y enfermedades para nuestro futuro. ¿Cómo saber si estamos generando karma negativo? Nuestra propia consciencia nos lo dirá. Si miento, si robo, si abuso de mi organismo, si hago actos innobles, si caigo en excesos, estaré generando karma negativo. Pero si cumplo con mis deberes, con mi familia, con mis hijos, cuidando de mi cuerpo, no dilapidando la energía generadora, haciendo a los demás el mayor bien posible, y procurando mejorar en todos los campos, estoy generando karma positivo. La consigna es estar vigilantes para percibir y reconocer la posibilidad de establecer el buen obrar, procurar que esta actitud perdure, abrirle un amplio espacio en nuestra propia vida a la bondad para que permanezca con nosotros.

Los hábitos no pueden eliminarse directamente ni de un momento para otro. Debe ser un proceso gradual mediante el cual establecemos un hábito positivo que le haga contrapeso al negativo que deseamos eliminar, y de esta forma al establecerse el nuevo hábito, va quitándole fuerza al viejo. Debemos hacer una lista de todos los hábitos negativos que encontramos en nuestra vida, para comenzar a trabajar en su transmutación.

Recordemos que la fuerza de los hábitos es una poderosa energía que puede sojuzgarnos y hundirnos en el caos si nos dejamos manejar por ella, si permitimos que sean nuestros vicios los que nos dominen; o pueden elevarnos, engrandecernos, hacernos superpoderosos, si nos autodisciplinamos para sustituir los hábitos negativos por otros positivos; el poder está a nuestro alcance, podemos conseguirlo con mucha disciplina y un poco de esfuerzo de nuestra parte.

Resumen

Nuestra vida está conformada por una enorme colección de hábitos, unos positivos, otros negativos y otros inofensivos, que conforman nuestras costumbres, vicios o cualidades. Modificando esta manera de actuar automática, podemos conducir nuestra vida hacia la conquista de la Armonía Interior, sustituyendo los hábitos negativos por su contraparte positiva. Aunque es una ardua tarea, puede conducirnos a la conquista de la independencia, a que seamos dueños de nuestros actos, pensamientos, decisiones y acciones; en una palabra, amos de nuestro destino. Para ello debemos hacer una lista de nuestros aspectos negativos, y trazar un plan para sublimar estas fuerzas negativas, procediendo desde los hábitos más sencillos para ir avanzando gradualmente hasta los más nocivos y perniciosos. En este proceso juega un papel muy importante la imaginación.

Ejercicio práctico

Hacer lista de hábitos negativos y sus contrapartes positivas

Haga una lista de todos los hábitos negativos que observa en usted, y al frente escriba el correspondiente hábito positivo con el cual va a remplazar el negativo. Luego ordénelos de menor a mayor grado de importancia. Así comenzará a trabajar en la sustitución de los hábitos más sencillos primero, para ir paulatinamente avanzando en grado de complejidad.

13. Reeducarnos para vivir mejor

Es muy recomendable abordar una lectura con mente abierta, dejando de lado las ideas condicionadas y condicionantes que distorsionan la forma como interpretamos los hechos y situaciones de la vida. Es un acto de valentía, que nos permite tomar distancia de preconceptos limitantes, para llevar a cabo acciones que se salen de los estrechos lineamientos que nos han impuesto o que hemos admitido, y así contemplar nuestra existencia de una manera diferente. De este modo es posible alcanzar una visión más amplia y no convencional de nuestro devenir evolutivo.

El verdadero conocimiento llega cuando empezamos a analizar a fondo nuestras creencias. Este análisis nos conduce a descubrir sus raíces, que pueden estar afincadas en condicionamientos familiares, políticos, religiosos, culturales, sociales, educativos, mediáticos e incluso genéticos. Dejar las viejas creencias y acoger las nuevas parece fácil, pero la mayor parte de lo que hemos aprendido y experimentado, se ha incorporado a nuestra personalidad y se ha convertido en parte integral de nuestra vida. Por supuesto que lo que hoy aceptamos como cierto, podría no serlo mañana. Lo que hoy consideramos una verdad de acuño, puede ser que se nos aparezca mañana como la mayor falacia.

"Lo que ha cambiado mi vida de manera profunda y positiva, y la de muchas otras personas, es entender que cambiar nuestra mente —y tener, por lo tanto, nuevas experiencias y obtener nuevas percepciones— no es más que una cuestión de dejar el hábito de ser el mismo de siempre. Cuando trasciendes tus sentidos, cuando entiendes que no estás limitado por las cadenas de tu pasado —cuando llevas una vida más allá del cuerpo, el entorno y el tiempo—, todo es posible. La inteligencia universal que anima todo cuanto existe te

sorprenderá y deleitará. Lo único que desea es ofrecerte lo que tú quieres. Es decir, cuando cambias tu mente, cambia tu vida."[28]

La voluntad humana es definida por algunos psicólogos como una energía propia de la personalidad, que nos permite organizar con libertad la representación de un acto y pasar libremente a su ejecución. Es la más poderosa de nuestras energías psíquicas; y bien encauzada, nos llevará más rápidamente al autodominio y la eficacia.

En la Filosofía Rosacruz, la voluntad es considerada, junto con la Imaginación, los dos atributos más importantes del ser humano recibidos directamente de la Divinidad, desde que comenzamos el peregrinaje evolutivo como seres sexuados. La voluntad es el atributo predominante en el hombre, mientras la Imaginación lo es en la mujer. No obstante, ambos (hombre y mujer) debemos cultivar las dos cualidades para avanzar en el desarrollo de nuestra Consciencia, que es la tercera característica que nos acerca a la Divinidad y a la divinización.

Debemos canalizar la voluntad en cada uno de los actos de la existencia, porque ella está íntimamente vinculada con la adquisición de consciencia. Decir "quiero", pero no ejecutar nuestros propósitos, no es realmente querer, porque no hemos tenido actos verdaderamente volitivos, pues no sabemos utilizar esa poderosa y sublime fuerza que llamamos "voluntad". Quien no tiene voluntad es como una roca inerte, estática en medio del camino, siendo más lo que estorba y lastima a los demás, que lo que puede servir en un momento determinado.

Cuando llevamos a cabo acciones "porque nos gusta", estamos obrando como inadaptados o inmaduros; es como si tomáramos un autobús sin fijarnos hacia dónde va, sólo porque es más cómodo y más bonito. Dejar de obrar "porque nos cuesta", es renunciar al éxito, a la alegría, a la gloria y a la propia superación. *"Querer porque no hay más remedio, es querer de esclavos. Querer porque no cuesta, siguiendo el gusto o impulso, es querer animal. Querer aunque cueste, guiados por la razón o el deber, es querer racional. Querer porque cuesta, mirando al ideal o a Dios, es querer de héroe o de santo.*"[17]

Los sentimientos y emociones son fuerzas que la Naturaleza nos proporciona para formar, perfeccionar y hacer más dinámica nuestra personalidad; para poner colorido y variedad en nuestra vida, y para querer y obrar con más facilidad, energía y constancia. No obstante, son fuerzas anárquicas que hay que dirigir. Bien encauzadas por la razón, y transmutada su energía en impulsos de orden positivo, podrán elevarnos; en cambio, si las dejamos sin control, nos conducirán al abismo.

Si queremos vivir de una manera diferente, primero debemos liberarnos de viejos aprendizajes, muchos de ellos heredados de nuestros ancestros, de viejas creencias, de la tradición, de programas evolutivos. Todos ellos viven y residen en nuestra biología y en nuestra psique. Es el momento de cortar estos grilletes que nos mantienen atados a unas formas de vida que no deseamos. Es el momento de tomar plena consciencia de que las cadenas que nos limitan están en nuestra mente, y se requiere entereza y valentía para cortarlas y hacernos libres.

Ante el apremio de un fuerte sentimiento o una emoción, es preciso controlar y dirigir nuestros pensamientos, no dar rienda suelta a las cavilaciones de nuestra mente, pensar en cosas diferentes; en especial, no cambiar nuestros propósitos positivos ante la influencia de esta clase de motivaciones, ni tomar decisiones importantes bajo el imperio del sentimentalismo o la emotividad. Sigue siendo válido el consejo de los abuelos: *"Consúltalo con la almohada"*. Dar un espacio de tiempo en estos casos nos permitirá estar en mejores condiciones para comprender los hechos y obrar serena y concienzudamente.

Cometemos repetitivamente los mismos errores, seguimos los mismos patrones de comportamiento y enfrentamos las mismas o similares dificultades. Es preciso cambiar de hábitos, modificar las rutinas, instaurar nuevos modos de hacer las cosas. Es posible que el cambio represente una cierta incomodidad, o algunos inconvenientes que nos hagan pensar en desistir, esgrimiendo disculpas diversas; quizás una alteración en nuestra rutina habitual, y una etapa de desconcierto. Pero esos son subterfugios que nuestra mente interpone, intentando que dejemos las cosas como están, buscando torpedear el cambio que está en proceso de ser instaurado. En ese caso la mejor opción es persistir, para obtener los resultados positivos esperados.

"El método de El Arte de Desaprender se basa en la experiencia cotidiana de haber visto centenares de casos en nuestras consultas y de observar cuáles son los que mejoran, qué aptitudes psicológicas les sirven para afrontar los cambios fundamentales en su vida. Vemos que hay personas que escogen seguir igual, al margen de sus dolencias, esperando que alguien las cure; y personas que siguen sus tratamientos médicos convencionales sin olvidar que son ellas las que tienen que hacer los cambios que las llevarán a la curación. La ayuda externa es una condición necesaria, pero muchas veces no suficiente. Esta suficiencia es la que debe aportar el sujeto, la persona que

Debemos reeducar nuestra receptividad, esforzándonos para tener sensaciones y actos conscientes y voluntarios, con los consiguientes sosiego y descanso. Así iremos alcanzando el dominio gradual de nuestros pensamientos acerca de cosas sensibles o espirituales, concretas o abstractas, hasta llegar a pensar cuando queramos y en lo que queramos, y a desviar la atención de lo que nos molesta o perjudica, reeducando para ello la emisividad intelectual, cuya actividad es la creación de pensamientos e imágenes. Reeducarla para que en lugar de generar creaciones negativas nos induzca a pensar e imaginar positivamente.

De esta manera podremos pensar clara y libremente en la acción que proyectamos y en los motivos o consecuciones que con ella pretendemos; podremos quererla de veras y pasar libre y fácilmente a su ejecución, aun bajo la influencia de inquietudes, motivaciones o temores subconscientes. Y con el pensamiento y la voluntad sometidos a nuestro control, podremos modificar y controlar nuestros sentimientos, emociones y acciones, con lo cual podremos decir que estamos llegando a ser personas racionales, dueñas de sí mismas, en lugar de esclavas de pensamientos o impulsos irracionales o ajenos.

"Reconozcamos que las emociones nos dominan con frecuencia. 'Soy muy nervioso, muy sensible, tengo demasiado corazón', dicen algunos con el fin de cohonestar sus faltas. 'Soy poco señor de mis pensamientos y sentimientos', deberían decir. Ahora bien, para gobernar los sentimientos es necesario dominar los actos y las ideas, pues la idea precede e inclina al acto; y los actos y las ideas modifican los sentimientos."

"Los sentimientos son una fuerza anárquica, como el vapor de la locomotora. Nuestras ideas y nuestra voluntad son el maquinista que los utiliza y dirige. Necesitamos, pues, controlar

bien nuestras ideas. Pero, cuántos hay que no saben lo que piensan, o que no piensan lo que quieren, dominados como están por continuas distracciones, en el estudio, durante el trabajo, en la meditación. ¡Cuánto cansancio innecesario! ¡Cuántas energías perdidas por falta de unidad psíquica! Y podrían ser grandes genios, inventores, artistas, santos, si aprendiesen a concentrar sus fuerzas intelectivas y volitivas en un ideal."[17]

Cuando estamos airados, nuestra conciencia se nubla y es la personalidad (por lo general presa de la soberbia) la que hace cavilaciones como: "Yo no merezco esta afrenta"; "Él/Ellos (los demás) me tienen mala voluntad, son ingratos, insoportables"; "Ello (el acontecimiento u ofensa) es injusto, intolerable". Guiados por estas premisas actuamos de manera errónea y nos enganchamos en disputas que no conducen a nada positivo. Si tomamos el control consciente de la situación, veremos que tal vez hemos malinterpretado las cosas, que quizás se trate de una persona equivocada, o en el mejor de los casos, que en esa persona igualmente que en mi interior, mora la Divinidad, y que no debo volver insulto con insulto, en aras del verdadero amor que debo expresar hacia todas las criaturas, como nos enseñó el maestro Jesús: *"Pero yo os digo a los que me escucháis: Amad a vuestros enemigos, haced bien a los que os odien, bendecid a los que os maldigan, rogad por los que os difamen."* (Lucas 6:27,28). Nadie puede ofendernos, a menos que aceptemos ser ofendidos; en otras palabras: somos nosotros quienes nos ofendemos. *"Tú eres lo que eres, independientemente de lo que digan o piensen los demás. Las formas, las actitudes, los pensamientos y los sentimientos cambian y tú sigues siendo tú; y de la misma forma cambian los pensamientos, actitudes y sentimientos de las otras personas mientras ellas siguen siendo lo que son. Entonces ¿Qué es lo que te ofende; la persona o sus formas? Las formas no te pueden ofender, porque son cosas cambiables que no existen. Los juicios que las otras personas hacen de ti, nos expresan mucho más de sus formas, de su programación, que de ti. No tiene sentido que te ofendas.* "[11]

Generalmente somos movidos por influencias ajenas que nos han sido impuestos durante la época de nuestra niñez y juventud, y que nos impulsan a obrar de forma contraria a la Divina Ley. Somos manipulados por programas que nos vienen impuestos y que proceden de muchas vías. Desde este punto de vista el mundo es una proyección de lo que hay en nuestros guiones de vida; todo aquello que no coincida con los contenidos de nuestro guión, que esté en contraposición a la información de nuestras memorias ancestrales, nos genera angustia y desazón. No obstante, muy dentro de nosotros sentimos que estamos yendo contravía, que algo no está funcionando en la forma debida. Es preciso liberarnos de esa perniciosa influencia, aplicando el discernimiento para establecer hasta qué punto estamos siendo dirigidos por programaciones inconvenientes y negativas, y tomar las medidas correspondientes para reencauzar nuestra vida por senderos más positivos, para reeducarnos y desaprender lo negativo, formando nuevos surcos en el cerebro que orienten nuestras acciones, palabras y pensamientos hacia una más adecuada forma de proceder. En nuestra interioridad también existe, opacada por esas programaciones viciadas, un programa original, el programa del Espíritu, que debemos descubrir y reconocer para hacerlo consciente. De esta manera estamos atacando el problema en su origen, para hacer más efectiva la solución.

"En la película Matrix queda muy claramente expuesto que vivimos en un programa y que creemos que este es real. Al protagonista se le pone en el dilema de despertar o seguir durmiendo, y esto se representa en la toma de unas pastillas de distinto color. El protagonista escoge estar despierto y ahí empieza a desarrollarse el argumento. Podemos trasladar esta analogía a nuestras vidas y empezar a comprender que en realidad somos mucho menos libres de lo que pensamos. Decimos cosas como: «¿Qué quieres que te diga si he nacido así?». Para mí, esta es una frase premonitoria, e indica, en gran medida, que somos un programa y que en principio no podemos hacer nada para

cambiarlo."[3]

Cuando comprendemos que las relaciones que mantenemos con el entorno y con la gente, son la proyección de programas inconscientes, y que al hacerlos conscientes podemos recuperar una parte importante de nuestro libre albedrío y apropiarnos de la conducción de nuestro destino, percibimos que somos los generadores de los hechos de nuestra vida, y no meros observadores de los acontecimientos externos. De esta manera estamos dando un paso gigante en la dirección correcta, hacia la conquista de la Armonía Interior.

Olvidemos lo que somos porque es una creación de los demás, y escuchemos a nuestro corazón. ¿Qué queremos ser? ¿Qué queremos hacer en este instante? Nuestra vida comienza ahora mismo. Olvidemos lo que creemos que somos y comencemos desde cero; entonces conviviremos con todos fácilmente. Sin divisiones: bueno-malo, rico-pobre, nacional-extranjero. Cuando no hay enemigos ni ataduras, nuestra vida es más liviana y dinámica; no existen cargas ni preocupaciones.

No nos lamentemos de lo inevitable, del mal tiempo, del mal gobierno, etc., ni pretendamos lo imposible. Por el contrario, encontremos en lo que nos rodea motivos de alegría y satisfacción: el azul de los cielos, los colores y aromas del campo, el fluir del agua, la variedad y hermosura de las flores, de las plantas, de los sonidos, de los atardeceres. Pensemos siempre en soluciones, no en dificultades. Veamos lo bueno de los acontecimientos y de las personas, y encontremos placer en ayudar y cooperar. Digamos siempre una palabra amable, caritativa, una palabra que pueda alegrar a los demás, que nos aliente y tranquilice a nosotros mismos. Una palabra sincera de aliento o un acto de interés hacia una persona pueden hacer que su día sea más placentero.

Haciendo uso de la imaginación podemos conseguir todo lo que queramos, aunque no es un proceso instantáneo, puesto que la Naturaleza no da saltos. La semilla de una ceiba no se convierte en un gigantesco árbol en un instante. Todo requiere un proceso por medio del cual las realizaciones se van consiguiendo a través del tiempo que se requiera para cada situación específica.

La concentración persistente e intensa en una imagen mientras se trabaja arduamente para conseguir lo que nos imaginamos, inyectándole confianza, perseverancia y la fuerza del entusiasmo; apasionándonos y emocionándonos por la inminencia del logro, hace que movilicemos energías tanto de nuestro interior como del entorno, que con seguridad nos llevarán a la cristalización de aquello que imaginamos con persistencia. Podría decirse que es magia en acción, o que se obran milagros. Tal es el magno poder de la imaginación cuando se emplea organizada, positiva y persistentemente.

Ahora, si este magnífico poder lo empleamos para imaginar que estamos superando todas nuestras debilidades y acrecentando todas nuestras fortalezas, con el elevado objetivo de conquistar nuestra Armonía Interior, sería la más sensata forma de emplearlo de manera efectiva. Por supuesto que la mejor manera de hacerlo es elaborar una lista de los aspectos que deseamos trabajar, y comenzar a hacerlo de uno en uno.

Algo importante con respecto a la conquista del autodominio es que para superar nuestras debilidades no debemos renunciar a nada, puesto que la renuncia nos mantiene atados a aquello a lo que renunciamos. Mientras luchemos contra algo, le estamos dando poder para continuar sojuzgándonos, esclavizándonos. Pronto volveríamos a hundirnos en la degradación y perderíamos la confianza.

La mejor manera de salir de la dificultad es mirar a través de la cosa. No renunciemos a ella; miremos a través de ella. Comprendamos su verdadero valor y no tendremos que renunciar a nada; simplemente ella caerá bajo nuestro control; pero por supuesto, estamos hipnotizados y creemos que no seremos felices sin esa cosa, aquella o la de más allá; estamos esclavizados. No se trata de hacer sacrificios, renuncias, extirpaciones, porque sería inútil. Lo que tenemos que hacer es comprender que ese hábito que estamos analizando, ese vicio que estamos intentando trascender, ese apego que queremos superar, son elementos que nos están obligando a rezagarnos en la evolución, nos están degradando. Si comprendemos que el camino positivo es superar esas debilidades, simplemente dejaremos de desear esa cosa, lo cual es otra manera de decir: Si despertáramos, sencillamente dejaríamos de desearla. De esta forma avanzaríamos en el camino hacia el autodominio, hacia la superación de nuestras debilidades, hacia la evolución consciente y positiva, hacia la Armonía Interior, hacia la Divinidad.

La capacidad para concebir y llevar a cabo los procesos de desaprender para reestructurar nuestro comportamiento, es una valiosa herramienta adaptativa con la que hemos sido dotados para que la evolución no se estanque o se entorpezca. Este proceso nos conduce a una vida más armoniosa y saludable, tanto en lo físico como en lo mental o espiritual. La flexibilidad para cuestionarnos y reeducarnos, permite que podamos cambiar viejos patrones nocivos, en otras conductas más apropiadas para avanzar en el sendero evolutivo.

Esta es una forma de dar adecuada expresión al libre albedrío, ya que nuestra vida es la expresión de las creencias que nos mueven, frente a un entorno que puede estimularlas o reprimirlas, produciendo efectos fisiológicos y psicológicos, alterando nuestro bienestar y la calidad de vida. Y en la medida que tomamos las riendas de nuestro comportamiento, aseguramos el rumbo correcto para conducir la existencia, forjar nuestro destino.

Esta toma de consciencia nos conduce a darnos cuenta de que vivimos la realidad que queremos vivir, y que mediante el cambio de algunos de nuestros pensamientos e imágenes podemos reorientar la vida que llevamos. Para lograrlo, debemos cuestionar lo que vemos, pensamos o sentimos, y asumir el proceso de reaprender; de esta forma podremos cambiar nuestra realidad, y nuestro ser integral entrará en un estado positivo de salud física y mental.

Resumen

La conquista de la Armonía Interior puede conseguirse mediante un proceso de reeducación, cambiando las conductas que nos limitan y nos inducen a obrar negativamente, por comportamientos más positivos, más reflexionados, más conscientes. Por lo general, nuestro comportamiento de adultos viene generado por inducciones de las personas y ambientes que nos rodearon durante nuestra crianza. Aplicando el discernimiento y la fuerza de voluntad, podemos reencauzar nuestra vida por sendas más positivas, al modificar estas programaciones hechas por otros. También debemos mantener vigilantes de nuestro pensar, para cambiar las imágenes mentales de negativas a positivas, y deshacernos gradualmente de los viejos hábitos.

Ejercicio práctico

Hacer una lista de los aspectos que deseamos transmutar

Haga una lista de todos los elementos indeseables de su personalidad y que desee cambiar en aspectos más positivos. Al frente de cada uno escriba el correspondiente aspecto positivo con el cual va a remplazar el inadecuado. Luego ordénelos de menor a mayor grado de importancia. Así comenzará a trabajar en la transmutación de los aspectos más sencillos primero, para ir paulatinamente avanzando en grado de dificultad.

14. Mirando al futuro

Si queremos que el mundo tenga un cambio real hacia lo positivo y que la humanidad recupere su avance por la senda de la evolución retornando a la aplicación de valores humanos correctos, es preciso que comencemos a forjar desde ya nuevas generaciones de personas que encarnen ese cambio y lo lideren de forma consciente y persistente.

El fundamento de la sociedad es la familia, y la base de la familia es la pareja heterogénea. Por esta razón, debe reinar entre los cónyuges la más grande armonía, para que unidos por un elevado ideal trabajen amorosamente con el propósito de contribuir de manera positiva al desarrollo integral de la humanidad, y consecuentemente a su avance evolutivo.

La responsabilidad de este magno

cambio está en manos de los futuros padres, quienes deben asumir de forma responsable este noble y divino encargo de engendrar seres de elevada moral, de recto actuar, de carácter incorruptible; y esto puede conseguirse cuando las parejas se acerquen al altar de la procreación de una manera estética, muy espiritual, plenos de armonía, rebosantes de verdadero amor, con pureza de corazón, alma y cuerpo, completamente libres de lujuria y pasión. Con este noble propósito en sus corazones, el varón debe acercarse a la dama y la dama al varón, imbuidos de puro y divino amor, plenos de inmensa mística, en profundo arrobamiento y amoroso éxtasis, viendo cada uno en su pareja un instrumento de divinización, en lugar de apreciarlo como un objeto de placer, *"porque el hombre que le rinde culto místico y espiritual a la mujer se convierte en un poeta, en un ser de consciencia y de grandes posibilidades y capacidades,"*[21] y la mujer que ofrece al hombre culto reverencial y estético se eleva a la condición de una diosa.

El hombre y la mujer han de amalgamarse para complementarse

tanto en lo físico como en lo psíquico y lo espiritual. El hombre ha de admirar a la mujer como a un ser sagrado, como a una divinidad, al tiempo que imagina que desde su área sexual asciende una fuente de energía purísima por el centro de la columna vertebral hacia el corazón; la mujer debe rendirle culto al varón también como a un ser divino, haciendo el mismo movimiento de su energía generadora hacia el corazón. De esta manera contribuirán fervorosamente en la perpetuación de la especie permitiendo que seres de elevada espiritualidad encarnen en los hijos que procrean, y se fecundarán mutuamente en el plano espiritual para convertirse en creadores de belleza, bondad y armonía. Además, serán poseedores de una imaginación prolífica y exuberante en ideas innovadoras y soluciones creativas. *"Lo que debemos hacer es armonizarnos con nuestra pareja; y si la amamos verdaderamente, que ese amor transcienda la materia densa, para que sea un amor ideal, un amor espiritual. Es amar el alma, aunque el cuerpo sea absolutamente indispensable para la procreación y perpetuación de la especie, y también para la complementación psicofisiológica y espiritual que debe haber en ese proceso maravilloso del matrimonio."*[29]

El encuentro amoroso entre las parejas que desean engendrar hijos de esta talla, ha de prepararse durante un amplio período de tiempo, expresando cada uno de los cónyuges hacia su pareja los más nobles sentimientos, viviendo plenos de armonía y espiritualidad, en medio del más profundo respeto, pidiendo a las Jerarquías celestiales que los orienten en la mejor forma de vivir una vida familiar armoniosa conforme a la Divina Ley.

Entre los futuros padres ha de reinar la más armoniosa concordia, el más puro y limpio amor, la más grande y espiritual comunión de almas, la estética más excelsa. Debe el trato entre los cónyuges ser como de novios: romántico, considerado, tierno, sutil. De esta forma, los hijos que nazcan de una unión tan sublime, serán seres de elevada sensibilidad que vengan a crecer en consciencia y a convertirse en los líderes íntegros que la humanidad necesita con urgencia.

El matrimonio es una institución sagrada, que la Divinidad ha establecido para que los seres humanos forjemos a su amparo, las nuevas generaciones que han de continuar el desarrollo evolutivo de la humanidad. Cuando una pareja decide unirse y constituir una familia, se va construyendo una estructura espiritual alrededor de ambos cónyuges, que es como una coraza energética que envuelve progresivamente a padres e hijos, como miembros de la familia; esta estructura es formada de magnetismo etérico, y se fortalece progresivamente a medida que los cónyuges se aman con pureza, se respetan, se apoyan, y transmiten estas cualidades positivas a su descendencia. Es un lazo que si se acrecienta compartiendo en familia los alimentos con armonía, sentados juntos a la mesa, mantendrá el grupo familiar unido espiritualmente durante toda la encarnación. *"En todo matrimonio feliz, en el que existan a la vez amor y unión física –y ningún matrimonio puede ser feliz si no se reúnen ambas circunstancias– se va constituyendo gradualmente un cuerpo magnético que incluye a ambas personalidades en una aura común. En esta aura única y compartida reside el verdadero significado del matrimonio, en contradistinción con las uniones irregulares.*"[30]

¡Qué mejor servicio podemos prestar al mundo, que en un abrazo de verdadero amor, de ternura sin par, de cariño altamente espiritual, de sublime armonía, engendrar hijos sanos, perfectos, inteligentes y bellos! Y luego orientarlos para que al crecer se encaminen por los senderos de la bondad, la belleza y el bien.

Debemos instruir a los niños y a los adolescentes acerca de lo sagrado y lo importante de la energía sexual. Debemos educar a la juventud para que no llegue de manera tan prematura y lamentable a la experiencia sexual o al matrimonio, y para que no malgaste sus preciosas energías masturbándose.

Las generaciones actuales deben ser reorientadas hacia su interioridad, hacia una diferente forma de ver, de pensar y de actuar. *"Con objeto de soslayar la amenazadora apocalipsis, es preciso sensibilizar a la gente joven, infundirle un nuevo despertar a lo bello y lo bueno, que han sido subyugados por el cientificismo y el pensamiento"* racionalista. "*El contacto más estrecho posible con la Naturaleza viva a una edad lo más temprana posible, es un sistema muy prometedor para alcanzar tal objetivo.*"[31]

El instinto psicosexual es una sublime dádiva que la Divinidad ha integrado en nuestro Ser, para la perpetuación de la especie y la fecundación espiritual de la humanidad. Esta energía puede degradarnos si la tomamos tan sólo como una realidad puramente biológica, o puede elevarnos y darnos felicidad y éxito si la convertimos en amor verdadero mediante la sublimación. Que el empleo de esta poderosa energía se haga en la entrega total, (en éxtasis de amor, sin prisas ni tensiones) a otro ser, a quien se complementa y se quiere hacer feliz con un amor desinteresado, en el legítimo matrimonio, para engendrar hijos íntegros. Esa entrega, que les va a complementar y satisfacer emocionalmente, es una comunión íntima, espiritual y sublime, con el Amor

Infinito, con la Divinidad, superando el egoísmo y la lascivia.

El matrimonio es una institución divina y tiene lugar efectivamente cuando dos personas se unen en el abrazo sexual, así haya o no formalización ante notario, cura, juez, rabino o cualquier otro medio establecido por los humanos. Cada unión matrimonial genera una carga kármica que traerá como tal, efectos tanto en esta vida como en futuras encarnaciones; por lo tanto, debemos llegar a ella de manera responsable, madura y ampliamente reflexionada, con el mayor respeto y devoción, pensando claramente en los pros y los contras que tal unión implica, aceptando las posibles incomodidades que puedan surgir, y conviniendo de antemano la manera como han de zanjarse las diferencias que obviamente habrán de presentarse en una relación que involucra a seres humanos.

Una reminiscencia de lo que ha sido el verdadero amor, lo expresan las danzas típicas del folclor de muchos países (por ejemplo Colombia); en ellas, hombres y mujeres danzan con armonía, manteniendo el mayor ritmo posible, jugando a darse cariño, simulando darse besos, jugando al juego del amor, pero el amor bello, el amor espiritual, limpio, puro, sublime. Así debiera ser el acercamiento entre los miembros de la pareja ideal: con respeto, romántico, armonioso, carente de lujuria.

Resumen

La familia es el fundamento de la sociedad. Cuando ambos miembros de la pareja toman la determinación de cambiar su modo de actuar, pensar, hablar, y relacionarse, viviendo el verdadero amor, están haciendo un inmenso y valioso aporte al desarrollo evolutivo de la humanidad; y si los hijos que procrean los orientan en estos mismos principios, será más valioso el aporte, puesto que le están proporcionando los líderes íntegros que tanto necesita. La perfecta amalgama entre el hombre y la mujer, en un abrazo místico, sublime, romántico, carente de lujuria, proporciona el más armonioso ambiente para el crecimiento y formación de las nuevas generaciones.

Ejercicio práctico

Visualizar un futuro maravilloso para toda la humanidad

Siéntese cómodamente, cierre los ojos, e imagine que toda la humanidad ha entrado en un estado de plenitud, concordia y hermandad, que hace que todos vivamos en completa paz y armonía. Sienta plenamente el enorme regocijo que le produce esta bella perspectiva hecha realidad. Repita mentalmente varias veces la siguiente oración: "Yo prospero día a día, tanto en lo material como en lo espiritual, porque el Maestro está conmigo." Realice esta práctica durante cinco minutos una vez por semana.

15. Alquimia espiritual

En la medida en que vamos conduciendo nuestras vidas por una senda más positiva, procurando superar las naturales debilidades humanas (tanto físicas como psicológicas) para trascenderlas y elevarnos por encima del común de la humanidad, en esa misma medida estamos fortaleciendo nuestro aspecto espiritual, al cual debemos otorgarle mayor importancia puesto que es nuestra unión con Dios, nuestra fuente inagotable de inspiración y luz. El Espíritu es inmortal y eterno, y es el que nos proporciona la consciencia y la iluminación.

La Alquimia tiene como necesario fundamento el eterno estado bipolar de los seres y las cosas, y tiene como finalidad la de equilibrar las funciones físicas y psíquicas del organismo humano. Es un proceso interno que tiene lugar gracias al movimiento de fuerzas, que realiza la Consciencia Universal por intermedio de nuestro Ser interno, el Divino Alquimista, que como expresión de la Divinidad, se manifiesta tanto en la más humilde brizna de hierba, como en todos los seres humanos, sin importar raza, nacionalidad o condición social, como energía subyacente en la intimidad de las semillas de todas las especies vivientes.

Cuando ingerimos un alimento, es este Divino Alquimista el que se encarga de su complejo proceso, con el fin de llevar a cada órgano los componentes que le corresponden. Así, dirige el calcio hacia los huesos, el fósforo al sistema nervioso, el hierro a la sangre, etc., sin que tengamos siquiera consciencia de ello.

Para que este proceso alquímico fisiológico sea más efectivo y nos permita prolongar la juventud y la existencia más allá de los promedios actuales, debemos modificar la forma en que nos alimentamos. Suprimir la "comida chatarra", las harinas, el café, el cocoa, el cigarrillo, el alcohol, los dulces, la bizcochería, los narcóticos, las grasas, y todo aquello que daña nuestro organismo. En cambio, debemos aumentar el consumo de alimentos ricos en fibra, hierro, calcio, fósforo, y demás nutrientes, ojalá en forma natural consumiendo muchas verduras y frutas. Debemos asegurarnos de que las funciones de excreción operen con normalidad y regularidad, para mantener el colon limpio y en perfecto funcionamiento; ya que una de las más grandes causas de enfermedades y envejecimiento prematuro es la acumulación de desechos en esta parte del sistema digestivo.

Son muchas las personas que han sufrido desengaños al dedicarse a la alquimia, pretendiendo convertir el plomo en oro en sus formas materiales. La alquimia que debe interesarnos realmente es la Alquimia Espiritual, que nos conduce a conquistar la armonía del Cristo, comulgar con la Divinidad en el verdadero amor, ensanchar nuestra consciencia para despertar, y encontrar el Paraíso.

El proceso evolutivo ha sido muy lento, llevado a cabo durante millones de años, y debe continuarse en otros millones de años más; pero mediante el empleo consciente de la Alquimia Espiritual podemos acelerarlo, según sea nuestra dedicación al pulimiento de la Piedra Filosofal; esto se logra mediante la adecuada y positiva utilización de nuestras energías internas; y de esta forma, en colaboración con nuestro Alquimista interior, realizar los procesos de sublimación y transmutación.

Por supuesto que este trabajo alquímico sólo es completamente eficaz cuando hemos aprendido a dominar todas nuestras emociones, a cambiar nuestros hábitos negativos por otros de carácter positivo, a ser más tolerantes y comprensivos, a pensar y hablar positivamente.

Ahora bien, el fundamento de la Alquimia; el ingrediente principal del que se nutre cualquier proceso alquímico, es la energía generadora. Por eso es que insistimos en que el dominio del instinto psicosexual es la principal herramienta para nuestra regeneración física y nuestra elevación espiritual. Como resultado del proceso alquímico, la energía genésica es convertida en el elixir de larga vida que nos permite conservar la juventud por más tiempo, gozando de perfecta salud y con nuestras capacidades mentales aún en pleno vigor. Es mediante la sublimación de esa divina y poderosa energía como los seres humanos podemos llegar a niveles superiores de evolución y consciencia. Quienes por el contrario, desperdician esta preciosa energía en locuras eróticas dejándose llevar por la lujuria, están quedándose rezagados en la evolución hasta que en otra encarnación en miles de años aprendan por medio del sufrimiento, a controlarse y espiritualizar su energía.

Cuando esta poderosa y maravillosa energía se pone en movimiento sutil empleando la imaginación y la sensibilidad, podemos conseguir la realización de la Piedra Filosofal en nuestro Ser al dirigirla hacia el corazón, y al obtener esta sublime conquista establecer en nuestra Piedra el Sagrado Templo, donde habrá de morar el Cristo cuando logremos despertarlo mediante una vida de servicio, altruismo, sublimación, autocontrol. Hace poco más de 2.000 años alcanzó este grado de grandeza el Maestro Jesús, verdadero alquimista, inagotable fuente de Amor Verdadero.

Debemos tener presente que Cristo no es Jesús. Jesús fue un gran Maestro que alcanzó la Cristificación o realización del Cristo en su divinizado Ser. Esta es la verdadera senda del cristiano. Cristo es la Divina energía de Dios que subyace en nuestro Ser, y que se abrillanta en nosotros cuando seguimos durante varias encarnaciones el sendero de la pureza, la armonía, el amor, la perfección, la bondad. Ese es el camino que nos mostró el Divino Maestro Jesús, pero que la humanidad neciamente ha desdeñado durante tantos siglos.

El proceso alquímico se realiza mediante la transmutación de lo inferior, lo mundano, lo personalista de nuestra existencia, en espiritualidad, altruismo, amor sublime; es decir, en consciencia divina, Armonía Interior. *"Aquél que busque el oro genuino en la espiritualidad de su corazón, estará realmente conquistando un estado de armonía superior, paz espiritual y oro filosofal."*[32]

La energía generadora con su inmenso poder puede divinizarnos o envilecernos, según el uso o abuso que de ella hagamos. El primer laboratorio alquímico es la pareja heterogénea (hombre y mujer); quienes trascendiendo el instinto han de acercarse en un abrazo de amor puro, limpio, casto. Esta sublime unión carente de lujuria, plena de ternura y armonía; en otras palabras: totalmente impregnada de verdadero amor, le imprime un dinamismo divino a la energía generadora para elevarla hacia las regiones celestiales conduciéndoles al Paraíso, pues este no es un lugar sino un estado de divinización y armonía sin par.

El proceso alquímico es posible gracias al ingente poder del fuego interno que subyace en la hondura de nuestro Ser, desde que reencarnamos hasta que pasamos a otras dimensiones, y cuando transmutamos la energía psicosexual lo acrecentamos. *"Cuando se acercan íntimamente el hombre y la mujer, ese calor aumenta debido a la polarización de la energía electromagnética que subyace en el ser humano. A mayor cantidad de ese calor o Fuego interno, mayor posibilidad de atracción de esa pareja, bien sea para el proceso de la generación, para los misterios de la sensibilización, o desafortunadamente para lo más negativo, la degeneración del ser en evolución.*"[32]

Resumen

Nuestro Ser Interior es divino, sabio, y nos guía por medio de la intuición, cuando hemos despertado y nos hacemos sensibles a su voz conductora. Amando la vida por sí misma penetramos en el mundo del Espíritu, y nuestra existencia se llena de luz. El Alquimista Interior, nuestro Ser Interno, se encarga del proceso de los elementos químicos contenidos en los alimentos, para mantener el cuerpo en perfectas condiciones de funcionamiento y salud. El proceso de la alquimia espiritual, consiste en transmutar lo inferior, lo mundano, en espiritualidad, amor sublime, altruismo. Para que el proceso alquímico sea efectivo, debemos refrenar la emotividad, armonizar el verbo (palabra, pensamiento, imaginación), evitar el desperdicio de la energía generadora en excesos psicosexuales.

Ejercicio práctico

Meditar en los procesos alquímicos internos

Siéntese cómodamente, cierre los ojos, e intente visualizar cómo su Ser Interior se encarga de realizar los procesos alquímicos internos, llevando cada nutriente de los alimentos que ingiere a los órganos correspondientes, y cómo gracias a esta prodigiosa labor, su organismo funciona de manera perfecta y maravillosa. Dé gracias a la Divinidad por este maravilloso regalo que representa su salud física y espiritual fortalecidas. Realice esta práctica durante cinco minutos una vez por semana.

16. Evolución

La evolución es un sendero infinito de progreso indefinido hacia la conquista de la divinización en nuestro sensorio interno, mediante la continua actualización de nuestro centro de consciencia. El Espíritu a través de sucesivas encarnaciones aprende progresivamente a construir y gobernar diferentes vehículos (cuerpos) etéricos y de esta forma va modelando su contraparte física (nuestro cuerpo), que es el medio del que se vale para la adquisición de experiencia en el plano material, a medida que se van dando cambios progresivos en el mundo y en las personas, e ir ensanchando la consciencia. Y sólo inmerso en la materia puede adquirir estas experiencias importantes para el desarrollo evolutivo. El sendero de evolución es un proceso lento y progresivo que no puede ser logrado en una sola encarnación; para ello se necesita que la chispa divina, el Espíritu, la Vida interior vaya perfeccionándose a lo largo de extensos períodos de tiempo, lo que solamente se puede lograr empleando cuerpos diferentes a través de reencarnaciones sucesivas. El Ser interior que anida en nuestro corazón es como un poderoso imán; *"déjense llevar por ese imán que los atrae irreversiblemente, déjense atraer, déjense integrar al corazón mismo, a la esencia misma de ese maravilloso ser que llamamos Dios. Entren y hagan su morada permanente ahí, sus manifestaciones terrenas no son más que esas salidas de casa para prestar servicios a los demás, pero la morada real, la morada verdadera, la casa única está en el mismo centro del corazón de Dios, y esa casa es todo amor."*[33]

El ser humano, como unidad de cuerpo, espíritu y alma, no es perfecto. El cuerpo físico debe ser "afinado", armonizado con el Espíritu, o sea lo inmaterial y eterno. Los seres humanos seremos confinados a un cuerpo en diversas encarnaciones, mientras permitamos que las tentaciones, los deseos, los vicios, los apegos, el instinto y los apetitos dominen nuestra naturaleza. Debemos trabajar arduamente para dominarlos, someterlos, para darle mayor valor a los aspectos espirituales y álmicos que han de elevar nuestra propia naturaleza, siendo estos aspectos los que indica nuestra consciencia, y que encuentran su expresión en una conducta ajustada a la ética y a la moral. Los seres humanos mediante el proceso evolutivo hemos ido cambiando a través de millones de años, aumentando de manera gradual nuestras capacidades. Por ejemplo, nuestra capacidad de discernimiento es notablemente mejor que la de la humanidad de las cavernas, al igual que nuestra capacidad de comprensión, de imaginar, de amar, incluso nuestra capacidad de comunicarnos e interrelacionarnos con las demás personas. Los seres humanos vivimos en un cambio constante; a cada instante sufrimos cambios que aunque en ese momento sean imperceptibles, la acumulación de los efectos de los diversos cambios acontecidos en un cierto período de tiempo, se hacen notorios. Por eso encontramos diferencias entre la humanidad actual y la del Medioevo, por ejemplo. A este proceso de desarrollo gradual de la humanidad se le llama Evolución.

Nuestro cuerpo no es más que un vehículo que utilizamos mientras estamos de tránsito en la tierra. Lo único perdurable eternamente es el Espíritu. Nuestros espíritus existen sumergidos en una corriente de amor, en un mar de energía sutil. Todos somos espíritus inmortales; ocupamos un cuerpo durante un tiempo, pero nuestra esencia no es ese cuerpo; es una energía divina y eterna. Luego de que el vehículo físico deja de serle útil al Ser interior para continuar adquiriendo experiencia en una encarnación, el Espíritu se retira del cuerpo y pasa a los mundos sutiles a trabajar en la revisión de sus actuaciones en la existencia que acaba de concluir, y a prepararse para renacer varios siglos después y tomar un nuevo vehículo físico (cuerpo). Es algo similar a lo que sucede cuando nos cambiamos de vestido; a pesar de que la nueva prenda nos haga ver muy distintos, seguimos siendo la misma persona. O cuando nos hacemos cortar el cabello; por muy grande que sea el cambio de apariencia, seguimos siendo los mismos. En realidad somos seres inmortales, y nunca nos separamos energéticamente de los seres que amamos. Lo que llamamos muerte realmente no existe; la desincorporación (el dejar el cuerpo denso cuando ya las fuerzas se han agotado, o tras un accidente) es tan sólo el regreso al principio de la vida, con la posibilidad de regresar nuevamente a una nueva existencia que nos permita continuar adquiriendo experiencia para realizar nuestro cometido divino, cual es el de realizar la cristificación en nuestro Ser interior. Un símil maravilloso de este proceso lo podemos ver en la transformación de la crisálida del gusano en mariposa.

Sin excepción, todos los seres humanos estamos ligados al eterno proceso de evolución, del cual somos la síntesis progresiva. Todo lo que existe, lo que vemos y lo que no percibimos, proviene de una causa anterior y esa de otra, y así sucesivamente hasta el infinito. El sendero de evolución nos lleva de lo bueno a lo mejor, de lo mejor a lo óptimo, de lo óptimo a lo superior, para ir concretando el proceso de perfeccionamiento infinito y eterno.

La evolución no sólo se da en el aspecto físico, sino también en el ámbito metafísico, penetrando el Espíritu en la evolución de la materia y de los seres, así como también de la sensibilidad y de la consciencia. Esta profundización le permite a nuestro Ser interior realizar de manera progresiva la adquisición de experiencia a lo largo de los diversos períodos de evolución.

Los seres humanos somos "*el resultado de la evolución de la materia y energía inteligente que operando en ella y con ella, va moldeando los elementos, para que ellos se ajusten progresivamente al mayor desarrollo de la consciencia interna.*"[4] Mediante el proceso evolutivo la naturaleza sustancial progresivamente se va ajustando a las necesidades del Espíritu, proporcionándole vehículos apropiados para poder manifestarse en el mundo material.

El ser humano manifiesta capacidades mayores que los demás seres animados evolucionantes en el planeta tierra, dado que se encuentra a la cabeza de estos. Aun dentro del conglomerado humano encontramos personas con diferentes estados de consciencia, debido a que todos tenemos un distinto grado de evolución. Cada quien es el resultado de su propio esfuerzo, que traducido en evolución pone de manifiesto cualidades superiores al común de la humanidad.

De ahí que genios como Mozart, Einstein, Beethoven, manifiesten sus ingentes capacidades desde la niñez, ya que traen de otras encarnaciones un cúmulo de experiencias y conocimientos que les permiten descollar en los campos a los que vienen dedicados desde vidas anteriores. Por esto, lo único de valor que nos llevamos al desencarnar es el conocimiento, la sabiduría, la sensibilidad, la consciencia. El cometido que persigue la evolución es el perfeccionamiento progresivo de la humanidad. Esto puede notarse en la diferencia de evolución que muestran los pintores, los músicos, los místicos, etc. Lo que más retrasa nuestra evolución son los vicios, los apegos y las debilidades. Como parte de la Vida

Cósmica que somos, nuestra finalidad es desarrollar progresivamente cualidades divinas para que mediante su manifestación, ayudemos al mejoramiento de la humanidad; pues dentro de ella, como parte de ese todo heterogéneo, debemos perfeccionarnos y contribuir al perfeccionamiento del conglomerado.

El propósito fundamental del proceso evolutivo es el desarrollo de la consciencia; y por ser el ensanchamiento de la consciencia el principal objetivo que debe perseguir la humanidad, desde el punto de vista del Espíritu, todos los procesos que llevemos a cabo deben conducir hacia su crecimiento, y en este ámbito deben centrarse los esfuerzos humanos para el verdadero progreso. Debemos darnos cuenta de que somos seres luminosos, que dentro de nosotros existen conocimientos incalculables, poderosos y facultades inmensas, y que tenemos la posibilidad y la capacidad de irlas despertando. Los grandes seres: Buda, Jesús, Hermes, Krishna, vinieron a mostrar un camino de superación. Si nosotros recorremos el camino mostrado por ellos, cualquiera que él sea, estaremos en camino a lograr lo que ellos lograron.

Si bien es cierto que el ser humano es divino, también es preciso comprender que no solamente la especie humana tiene esta calidad. No sólo las personas estamos sujetas al proceso evolutivo, sino todo en la Naturaleza y todo en el Universo. Incluso una pequeña hormiga o una lombriz. Hasta el más ínfimo átomo de arena o la más diminuta brizna de hierba se encuentran en evolución. La evolución es un proceso que se da a lo largo de la eternidad y que imprime constante dinamismo a todo en el Universo, generando un movimiento perpetuo que hace que todo cambie de instante en instante. De igual manera, existen niveles superiores de evolución, como Ángeles, Arcángeles, Serafines, Querubines, Tronos, Potestades, etc.

El credo dogmático con el que las religiones han oscurecido el alma de la humanidad para tenerla sometida y que sostiene que sólo habitamos una vez esta tierra y que con cuatro padrenuestros, cinco responsos o lo que sea, el alma queda liberada de los efectos generados por sus acciones, es contrario al concepto elevado de justicia que se atribuye a la Divinidad, ya que los grandes criminales, los asesinos múltiples, las personas que se pasan la mayor parte de su encarnación causando daño y dolor a sus semejantes, no recibirían la sanción que merecen por sus faltas y no aprenderían la valiosa lección que la Divina Ley nos ofrece, cual es la de saber que todos nuestros actos tienen un efecto de retorno que nos lleva a comprender lo que expresa Jesús: *"Por tanto, todo cuanto queráis que os hagan los hombres, hacédselo también vosotros a ellos; porque ésta es la Ley y los Profetas."* (Mateo 7:12)

A muchos se les hace difícil aceptar el concepto de evolución en la forma como está planteado en estas líneas, debido a que a través de muchos siglos hemos sido acondicionados para pensar de otra manera; pero yo los invito a que hagan la siguiente reflexión: Hagan una breve retrospección a través de su vida desde el momento presente devolviéndose año por año hasta su juventud, su pubertad, su niñez, y observen que aunque el vehículo físico (el cuerpo) ha cambiado a través del tiempo, la conciencia de nosotros mismos es la misma, sólo que un poco más despierta, más experimentada, con un poco más de conocimientos, pero sin que se perciba un cambio muy grande en ella; es nuestro Espíritu interior que a través del tiempo permanece prácticamente inalterable. Igual sucede a través de las diversas encarnaciones: Nuestro espíritu es el mismo, aunque periódicamente cambiemos de cuerpo físico.

El proceso de evolución humano comenzó en tiempos remotos, y en un principio teníamos una existencia análoga a la de los minerales, inertes, sin asomo de conciencia, sin posibilidad de crecer y multiplicarse; luego de varios millones de años alcanzamos un estado de vida análogo al del vegetal, como de sueño, con capacidad de propagación, pero aún sin posibilidad de movimiento; avanzando algunos millones de años conquistamos una existencia análoga a la de los animales, como de sueño con ensueños, pudiendo propagarse y con capacidad de movimiento, pero aún sin conciencia; el siguiente período evolutivo aparecimos en el planeta como seres humanos, pero la conciencia de nosotros mismos apenas vino a aparecer luego de varios cientos de miles de años de desarrollo, y gradualmente hemos alcanzado el estado que detentamos en la actualidad. Continuando en este proceso evolutivo, en unos cuantos millones de años, alcanzaremos primero un estado superhumano, luego uno análogo al angélico y así sucesivamente. El siguiente cuadro pretende ofrecer una vista general de este recorrido, considerado como los siete días de la creación de los que habla el Génesis, de los cuales estamos promediando el cuarto.

PERÍODO	ESTADO/ANALOGÍA	EXPRESIÓN
7. VULCANIANO	DIVINO	CONSCIENCIA
6. VENUSINO	ANGÉLICO	SENSIBILIDAD
5. JUPITERIANO	SUPERHUMANO	IMAGINACIÓN CREADORA
4. TERRESTRE	HUMANO	MENTE (Conciencia de Sí)
3. LUNAR	ANIMAL	MOVIMIENTO
2. SOLAR	VEGETAL	PROPAGACIÓN
1. SATURNIANO	MINERAL	INSENSIBILIDAD

Proceso evolutivo humano, o siete días de la creación

Resumen

El proceso evolutivo ha sido establecido por la Divinidad, para el avance sucesivo de los seres a través del tiempo y las múltiples encarnaciones que debemos pasar. Dentro de este proceso aprendemos a generar y gobernar diferentes vehículos (cuerpos), todos ellos de distinta densidad y vibración. Es un proceso lento y progresivo que dura millones de años, y tiene por objeto adquirir experiencia, la cual se va acumulando en nuestra interioridad. Actualmente no somos conscientes de ello, porque estamos en el punto más hondo de la inmersión en la materia; pero nuestro Ser Interior sí lo tiene presente, sí es consciente de ello; y en futuras encarnaciones recobraremos la consciencia de estas conquistas. Mientras permitamos que nos gobiernen las emociones, el materialismo, el egoísmo, estaremos confinados a reencarnar miles de veces en cuerpo físico hasta que trascendiendo estas limitaciones dediquemos tiempo a cultivar nuestro aspecto espiritual, para avanzar en el sendero evolutivo y alcanzar la grandeza de seres como el maestro Jesús, que ya no está sujeto a las cadenas de la materia.

Ejercicio práctico

Meditar en el proceso evolutivo

Siéntese cómodamente, cierre los ojos, e intente visualizar cómo se ha llevado a cabo el magno proceso evolutivo desde que salimos como una chispa divina del reino de la Divinidad, pasando por estados análogos al de los minerales, luego al de los organismos unicelulares, posteriormente al de los vegetales, después al de los animales, alcanzando el desarrollo que tenemos en la actualidad como humanos, y avanzar en la proyección hacia lo que seremos cuando alcancemos el desarrollo análogo al de los Ángeles y demás seres de luz más elevados. Realice esta práctica durante cinco minutos una vez por semana.

17. Meditación

Por medio de la meditación podemos profundizar en nuestro trabajo interno, y paulatinamente ir trascendiendo las debilidades y sublimando nuestras energías para orientar la existencia hacia dimensiones más elevadas del Ser. Por este medio podemos encontrar un camino hacia el despertar de la consciencia. Todo lo ejecuta la mente, salvo la meditación. Es algo que está más allá de la mente; en ese terreno la mente resulta absolutamente inútil. La meditación es un estado previo de nuestra naturaleza que no es preciso adquirir, sino reconocerlo; es algo connatural al ser humano, que hemos perdido, pero que es posible recuperar.
Para mejor ilustración sobre este tema, vamos a cederle la palabra a un experto: Tarthang Tulku, quien en su libro: Abra su mente, nos explica: *"Aunque la*

meditación es realmente muy sencilla, es fácil confundirse porque hay muchas descripciones de prácticas de meditación diferentes. Olvídese de todas, y simplemente siéntese tranquilo. Quédese muy quieto y relajado, y no trate de hacer nada. Deje que todo – pensamientos, sentimientos, conceptos– pasen por su mente sin prestarle atención. No trate de impedir esas ideas o pensamientos ni de estimularlos. Cuando uno siente que debe hacer algo durante la meditación, lo único que logra es complicar las cosas. No interfiera la meditación."

"Una vez que usted aprenda a dejar que los pensamientos pasen inadvertidos, éstos se aquietan y casi desaparecen. Entonces, tras el flujo de pensamientos, experimentará una sensación que es la base de la meditación. Cuando se ponga en contacto con este sitio silencioso más allá de sus diálogos internos, tome cada vez más consciencia de él; simplemente descanse en el silencio, pues en este silencio no hay nada que hacer. No hay razón para producir nada o para detener nada; deje todo tal como está."

"Cuando usted medita de esta manera

simple, aceptando lo que pasa, la calidad de la meditación se hace más pronunciada y su experiencia más inmediata. Después de cada meditación, la claridad de esta experiencia permanece con usted y se fortalece con la práctica. La meditación viene naturalmente, como el sol matinal; la consciencia interior, una vez tocada, irradia naturalmente. Pero para encontrar esta consciencia interior se requiere práctica, así que es necesario reservar tiempo para la meditación."

"A medida que usted persevere en la práctica, un examen de su vida le indicará si está en la vía correcta y si su meditación es eficaz. Cuando en su mente crecen el amor y la paz, cuando sus emociones son estables y apacibles, y su vida discurre suavemente, entonces usted sabe que está progresando."

"El sosiego interior que surge de la meditación mitiga el estrés de estas épocas de rápido cambio, en las cuales es tan fácil perder el sentido de la estabilidad y el equilibrio. Tratando de hacer demasiado en muy poco tiempo, nos agitamos y nos alteramos. Sin embargo, cuando nuestra mente está

relajada y tranquila, la vida se vuelve sencilla y equilibrada, libre de extremos que nos trastornan. Cuando en nosotros reina el equilibrio, gozamos de salud; el cuerpo se relaja y la mente se halla en paz. Nos liberamos de las confusiones, las desilusiones y las ilusiones. Aprendemos a guiarnos por la experiencia de nuestra meditación."

"La mesura es fundamental aun en relación con las enseñanzas espirituales. Con el dharma, por ejemplo, sucede como con muchas universidades, que ofrecen todo tipo de materias interesantes, y usted puede gastar su tiempo y su energía tratando de aprenderlas todas. Uno de los grandes maestros dijo una vez que el conocimiento es como las estrellas en la noche: es imposible contar semejante inmensidad. Así que es mejor no tratar de hacerlo todo de una vez, aun espiritualmente."

"Al principio, es importante concentrarse en aquellas enseñanzas que tienen una relación más inmediata con nosotros – enseñanzas para las cuales estamos preparados. De lo contrario perdemos el tiempo, y lo único que logramos es *frustrarnos. Conténtese con proceder gradualmente, paso a paso, manteniéndose motivado y perseverando en la práctica de la meditación. Es verdad que para desarrollar la meditación, el camino más lento es el camino más rápido. Cuando cultivamos la meditación cuidadosamente, sin forzarla, los resultados siempre serán claros: aunque no nos demos cuenta del progreso diario, el progreso es estable. Esta vía no se asemeja al aguacero fuerte, que nos fuerza a buscar refugio, sino más bien a la nieve, que suavemente cubre la tierra."*

"Haga que su meditación sea natural, abierta, no algo cohibido o forzado; así derivará experiencias de ella. Las experiencias en sí mismas no tienen tanto valor, pero pueden ser una extensión de la meditación; algunas experiencias pueden tocar las sutilezas de la mente y ayudar a clarificar la naturaleza de la existencia."[15]

La meditación es un estado de comunicación entre dos consciencias: la objetiva y la subjetiva. Es entrar deliberadamente en nuestro interior, desapareciendo del mundo por un breve espacio de tiempo. Puede resultar un poco difícil entrar en meditación al principio, pero ello no se debe a que sea un proceso complicado, sino a que en realidad no hay "un proceso"; sólo que nos hemos vuelto adictos a la necesidad de estar haciendo algo, y lleva tiempo superar una adicción. Se trata simplemente de sentarse en silencio sin realizar actividad alguna, siendo tan sólo testigo de todo lo que suceda. Observar que la mente está convulsionada, llena de ideas (consistentes, inconsistentes, fútiles), fantasías, sueños; quedarse en el centro, observando. La meditación ha de abordarse de manera lúdica, como una canción que cantamos con deleite.

Es importante establecer una distinción entre la concentración y la meditación; no podemos pensar en la derecha y en la izquierda como si fuesen la misma dirección o como si cualquiera de las dos nos condujese al camino adecuado. La concentración, psicológicamente hablando, es el enfoque de los poderes de nuestra mente y la sensibilidad de nuestra conciencia hacia las impresiones que nos llegan en una forma precisa. Cuando nos concentramos objetivamente en algo, no estamos otorgando a las impresiones sino una mitad de nosotros mismos. No estamos dejando que actúe sobre nosotros sino una porción de aquello que puede conmover nuestro ser.

En la meditación comenzamos con una idea definida, un algo sobre lo que queremos alcanzar mayor iluminación, acercarlo más a la claridad. Empero, en la meditación, la conciencia no está encauzada por una sola senda. Cuando meditamos no se trata solamente de ver o escuchar. En verdad permanecemos pasivos, permitimos que todas las impresiones internas y externas se reúnan en nuestra conciencia y amplíen la idea que ya tenemos. Meditar es como penetrar en un amplio salón de asamblea. Entramos en él con el propósito de presenciar alguna función que va a tener lugar allí. Hay muchas puertas que conducen al escenario donde se ha de desarrollar la función. Los participantes pueden entrar por una, por cualquiera de ellas. No sabemos por anticipado cuáles serán las que han de utilizar y por eso no podemos concentrar nuestra atención en una sola. Permanecemos en reposo y esperamos que los participantes vayan llegando, pues queremos estar preparados para comprender lo que ha de ocurrir. Estas puertas que conducen al salón de la asamblea pueden llamarse puertas de la memoria, de las experiencias objetivas, de la intuición, y puerta de la Consciencia Cósmica. Repetimos que la meditación es un estado pasivo y receptivo, en oposición al estado dinámico de concentración, al cual desembocamos por medio de un canal único, para tratar de alcanzar algo determinado.

La meditación exige que se elimine la distracción. Es preciso que logremos obtener la menor cantidad posible de interrupciones exteriores si queremos lograr este entonamiento. Para poder obtener esta comunicación entre las dos mitades de nuestro ser, la mente objetiva no debe ser distraída en forma alguna por los sonidos o visión de las cosas que podrían ocuparla o detenerla.

La exclusión de elementos extraños es necesaria en el arte de la meditación. Se requiere una condición de recogimiento.

Es preciso, además, un ambiente armonioso. El encontrarse solo en un cuarto no es suficiente. Este cuarto tiene que poseer una atmósfera acogedora. No deben existir perturbaciones físicas de ninguna clase. Por ejemplo, la temperatura del cuarto no debe ser extrema en ningún sentido. Las cosas o paredes con objetos, si es que no podemos evitar el verlas, deben producir sensaciones y recuerdos agradables, cosas que nos hagan sentir bien y que produzcan una cierta tranquilidad. No debe haber ruidos exteriores que penetren hasta nosotros, ni cambios de luces.

17.1 Meditación práctica para sublimación

En este tema vamos a citar a Iván Darío Quintero, que lo domina ampliamente: *"Quien practica todos los días con persistencia en la mañana y en la noche, encontrará después de un par de semanas y de allí en adelante, que empezará a pensar con más claridad, que su alegría es la nota diaria de su existencia, que empieza a recordar sus sueños más perfectamente, que progresivamente va comprendiendo cosas que no comprendía antes, que se torna más agradable desde el punto de vista de su electromagnetismo en relación con los demás; es decir, que ha encontrado el camino."*

"Los Maestros y los Iniciados de todos los tiempos han logrado llegar al conocimiento en sí, mediante la meditación, porque en cada uno de nosotros existe el conocimiento que hemos ido acumulando como experiencia a lo largo de millones de años de evolución en encarnaciones sucesivas, y toda aquella experiencia subyace en la profundidad de nuestro ser. Pero, de la endoconsciencia (conciencia interna, llamada subconsciencia), debemos llegar a la supra-Consciencia, la Conciencia Cósmica, Suprema fuente de inspiración y de sabiduría."

"La tradición esotérica enseña que no deben verificarse meditaciones grupales, porque cada uno de nosotros tiene diferente capacidad de introvertirse; es decir, de ir a su mundo interno; unos

más fácilmente, otros menos, unos se concentran y rápidamente entran en meditación, otros no lo hacen; por otro lado, al entrar en meditación se produce un estado mágico-magnético, en el cual se está abierto a energías cósmicas, a energías espirituales; si uno no sabe en ese momento que debe estar muy bien protegido en su propio campo áurico, al estar rodeado de otras personas, éstas pueden afectarle psíquicamente pudiendo quedar uno enfermo, débil, en vez de salir pletórico, feliz, que es lo que realmente debe producir la meditación."

"Es muy importante la posición del cuerpo, pues el ser humano debe mantener su espina dorsal perfectamente recta. Eso es lo que nos distingue de los animales; el hecho de que ellos tienen su columna horizontal a la tierra es porque aún son de naturaleza lunar, mientras que el ser humano tiene su columna vertical porque es de naturaleza solar y Cósmica."

"La espina dorsal es un eje maravilloso que debe recibir las energías del Universo, las cuales han de penetrar progresivamente en nuestro cuerpo para

actualizar la energía de los centros energéticos o chacras, y de los diferentes vehículos en los cuales se evoluciona, para tener así una salud más robusta y perfecta. Es por eso que el ser humano debe aprender a mantener una postura perfectamente erguida."

"Para aislarse, al sentarse a meditar nunca debe recostarse en el espaldar de la silla; la espina dorsal debe estar recta. Si se está encorvado, las energías que deben fluir por la espina dorsal no lo hacen correctamente y pueden provocar dolores en la espalda."

"Los ojos deben estar entornados, dirigiendo la mirada internamente hacia el entrecejo. Este es un centro muy importante; los orientales lo llaman el centro crístico de entre los ojos, diferenciándolo del centro crístico del corazón. En éste centro psíquico radica un gran vórtice de energía que es la puerta de entrada de muchas fuerzas e incluso de nosotros mismos hacia nuestro templo interno."

"La barbilla debe estar ligeramente dirigida hacia el pecho, de manera que haya un eje vertical entre la coronilla; los

pies deben estar juntos adelante y atrás, o deben estar cruzados a nivel de los tobillos, como le quede más cómodo a cada uno. Para cerrar el circuito totalmente, las manos deben tocarse, bien sea que descanse una palma sobre la otra y sobre los muslos a nivel de las ingles; a algunos les gustan las posiciones orientales de flor de loto o cruzar sus manos sobre su regazo, pero lo importante es quedar cerrados con sus manos y sus pies."

"La mayoría saben relajarse, pero de todas maneras yo les voy a enseñar otra manera de relajarse por si la quieren aprovechar. Lo primero que uno hace para sosegar su mente, sus pensamientos y relajar su cuerpo, es hacer tres respiraciones profundas; se inhala por la nariz y se exhala por la boca. Es el inicio únicamente y es para relajar el cuerpo y sosegar los pensamientos."

"Cuando uno ya se ha entrenado lo suficiente, con estas tres respiraciones profundas el cuerpo queda perfectamente relajado y los pensamientos aquietados. Pero mientras aprendemos a hacerlo así de fácil,

vamos a aprender un método de relajamiento rápidamente y ustedes lo pueden hacer en sus camas, antes de entregarse al sueño, lo cual permite un sueño profundo reparador, o antes de hacer su trabajo de meditación si lo quieren hacer."

"Entonces lleva uno su atención hacia los pies, desde la punta de los pies, dedos, va uno imaginando que una multitud de átomos luminosos que son los que corresponden al cuerpo de deseos o astral que es el que nos hace movernos y estresarnos y contraer nuestro cuerpo. Imaginamos que esos átomos luminosos se van retirando de los dedos de nuestros pies, luego hacia arriba, la zona de los metatarsos, la zona de los tarsos, talones, tobillos. Entonces imaginamos cómo los pies quedan como oscuros, como vacíos, como pesados, es porque se han relajado."

"Seguimos con esa mente plástica allí, sacando esos átomos luminosos desde nuestros tobillos hacia arriba, nuestras canillas, nuestras pantorrillas hasta las rodillas, imaginamos nuevamente cómo queda oscuro de las rodillas hasta los

pies y de allí hacia arriba está luminoso
aun. Ya estamos relajados de las rodillas
y los pies. Seguimos por los muslos,
parte superior, inferior, ascendiendo,
cómo van retirándose todos esos
átomos luminosos hasta llegar a las
caderas. Luego hacia la zona pélvica, la
zona genital, a nuestra zona abdominal,
toda la parte del abdomen se va
relajando porque se van retirando todos
esos átomos luminosos."

"Luego vamos hacia los glúteos,
igualmente retirando esa energía sutil,
para que se relajen. Nuestra espina
dorsal la vamos relajando; desde la base
misma de la espina dorsal, vamos
elevándonos, columna coccígea, sacra,
luego la columna lumbar, la columna
dorsal hasta llegar a la nuca. Luego
vamos a relajar el resto de la zona
lumbar, la zona de los riñones, el resto
de la espalda vamos a relajarla, la
espalda baja, media, los omóplatos, los
trapecios están flojos. Si queremos
podemos ayudarnos moviendo un
poquitico nuestro cuerpo como para
reafirmar el hecho de que estamos
relajándonos."

"Ahora vamos por la zona anterior, es

decir, por la zona del tórax, ya hemos relajado el abdomen, la zona del diafragma, luego la zona del tórax inferior, toda esa zona de los músculos intercostales, tórax medio, esternón, tórax superior. Llegamos a los hombros, relajamos los hombros, de allí bajamos por los brazos, hasta los codos, antebrazos, articulaciones de las manos, luego los dedos. También vemos cómo se ha relajado desde nuestro cuello hacia abajo, todo está oscuro, relajado, flojo, pesado, totalmente pesado."

"Nos sentimos entonces cómodos, confortables. Ahora seguimos de nuestro cuello hacia arriba; la garganta, el maxilar inferior, nuestro maxilar se relaja y queda prácticamente descolgado ligeramente, ya no se tocan los dientes, ni los maxilares entre sí, la lengua se relaja. Luego el maxilar superior, los labios, la boca, la nariz, pómulos, párpados, ojos, cejas, frente, seguimos relajando…"

17.2 Meditando en el centro Crístico

"Con los ojos cerrados, dirigir la

atención hasta la base de la espina dorsal, imaginando que allí se encuentra una Luz radiante que es la Vida Divina, el lugar del nacimiento, en donde mora la Divina Virgen con el niño-Cristo. Esa Luz es Vida; es la Vida Cósmica que mantiene nuestra existencia; mientras tenemos esa Energía estamos vivos, sanos, con posibilidad de ser inteligentes, sabios, bellos, espirituales, armoniosos; pero cuando esa Vida, esa Energía se agota, nuestra encarnación finaliza y hemos de abandonar el cuerpo."

"Al inhalar, imaginar que esa luz se eleva por el centro de la columna vertebral, hasta llegar al corazón convirtiéndolo en un radiante Sol que irradia del pecho sus rayos de Luz hacia toda la creación, llevando un mensaje de Paz y de Amor a todos los seres."

"Luego, al exhalar, se pronuncian bien sea con la lengua del pensamiento o audiblemente los siguientes mantra siete veces seguidas cada uno: OM, y luego OM Mani Padme Hum."

"Cada vez que decimos OM, es como si se dijera Amor; y cuando es OM Mani Padme Hum, es una súplica a Dios para

que comulgue con nosotros en el centro magnético del corazón, en donde el Cristo habrá de encarnar."

"Luego imaginar que en el corazón se encuentra un átomo de Luz que es realmente un Sol en miniatura, pero que algún día será un Sol radiante tal como lo fue en el Señor Jesús: un Sol de Amor, de Sabiduría, de magnitud espiritual. Tratemos en nuestra meditación de localizar ese Sol en nuestro corazón y de compenetrarnos con su LUZ."

"Y para terminar, pronunciar el sagrado mantra Amén por tres veces. La respiración es la misma; al inhalar, imaginar que se va elevando la luz, llegando al corazón y luego mientras se exhala, pronunciar: Amén, Amén, Amén."[34]

Resumen

La meditación es el medio de profundizar en nuestro trabajo interno, y trascender gradualmente las debilidades por medio de la sublimación de nuestra energía genésica. Es un estado de comunicación entre dos consciencias: la objetiva y la subjetiva. Entrar deliberadamente en nuestra interioridad, separándonos del mundo exterior por un breve espacio de tiempo. Se trata de encontrar la quietud mental, deteniendo el parloteo interior, el continuo fluir de pensamientos, para dar paso a una especie de vacío trascendental que es el punto de unión con la Divinidad.

18. Conquistar la Armonía Interior

Si nos dejamos guiar por nuestro Ser interior que nos habla por medio de intuiciones; y si al mismo tiempo conducimos nuestra vida de manera positiva evitando todo lo que pueda dañarnos o dañar a otros, haciendo todo el bien que podamos, cultivando la estética en todos sus aspectos, sublimando nuestra energía genésica, estaremos avanzando positivamente hacia la consecución de nuestra Armonía Interior.

Es importante saber bien de qué estamos hablando: de que en nuestro interior reinen sentimientos de amor, de concordia, de paz, de benevolencia, de altruismo, de rectitud, que estemos carentes de apegos, libres de odios, rencores, envidia, y apoyado este sentir en pensamientos y palabras veraces, armoniosas, creadoras de belleza, evitando hablar de los demás, vivir una vida de servicio desinteresado, de entrega amorosa a un ideal elevado. Eso es realizar en nosotros la Armonía Interior. No se trata simplemente de ser una "buena persona", pues el mundo está lleno de "buenas personas" que pasivamente ven pasar la vida sin tomar acciones positivas para mejorarlo. Fueron "buenas" personas las que sacrificaron al Señor Jesús. Por eso escribió el Apóstol Juan: *"Conozco tu conducta: no eres ni frío ni caliente. ¡Ojalá fueras frío o caliente! Ahora bien, puesto que eres tibio, y no frío ni caliente, voy a vomitarte de mi boca."* (Apocalipsis 3:15,16) Se trata de tomar acciones directas en procura del avance evolutivo consciente, teniendo presente que para cambiar a los demás tenemos que cambiar primero nosotros. Mi propuesta es que vivamos estas enseñanzas lo más plenamente posible, para conquistar la Armonía Interior y conseguir un estado de plenitud y felicidad crecientes.

Lo que se critica en los otros es algo que descansa en el lado oscuro de nosotros mismos y que no reconocemos ni queremos reconocer. Para vivir en paz con los demás, debemos dejar de juzgar a nuestro prójimo, y de pretender que las otras personas piensen, actúen y sientan de acuerdo a nuestros gustos o modo de ser; mejor dicho, no pretendamos que los demás sean como nosotros queremos que sean. Emprendamos un proceso de cambio radical en nosotros mismos para hacernos más tolerantes, más rectos, más amorosos, más autocontrolados, y de esta manera estaremos creando pautas que los demás imitarán por mero reflejo; así estaremos promoviendo un cambio positivo en la humanidad, no importa que ello nos tome varias encarnaciones. Lo importante es empezar de una vez y trabajar con ahínco en este noble ideal.

Para lograr la Armonía Interior debemos tomar consciencia de nuestro ser espiritual, desprendernos de todos los apegos y los vicios, y cultivar los valores positivos tales como la honestidad, la veracidad, el amor, la tolerancia, la serenidad, la sublimación, etc., y eliminar las características negativas como el criticismo, el miedo, la ira, el odio, la coprolalia, la mentira, etc.

Sublimar es pasar de los estados más densos de la personalidad (ira, envidia, odio, celos, incertidumbre, lascivia, pereza), para convertirlos en los aspectos más sutiles de la individualidad (acción fecunda, sensibilidad, inteligencia, comprensión, armonía); así llegaremos a ser mejores personas y contribuir a que nuestro planeta sea mejor.

Podría pensarse que armonía es estatismo, pero en realidad es cambio constante; se trata es de armonizar las diferencias. Digamos más bien que armonía es propender por el equilibrio de las fuerzas contrarias que operan en el Universo y que nos impulsan constantemente a obrar en un sentido o en otro.

Ya sea a través de un instructor, un conferencista, un amigo, o por medio de la lectura de un buen libro, podemos tomar consciencia de que el camino de la espiritualidad es nuestra mejor opción; pero sólo nosotros podemos recorrer el camino y por medio de él conquistar nuestra Armonía Interior. En la medida en que cada uno de nosotros trabaje para perfeccionarse, para elevarse, gradualmente toda la humanidad empezará a hacer lo mismo. El trabajo depende de nosotros, sólo de nosotros. Es en nuestra interioridad donde tomamos consciencia de nuestros abusos y yerros, y es a partir de esta vivencia que debemos prometernos y proponernos cambiar. Una cosa es tener el conocimiento, y otra su realización en hechos concretos. Se trata de comprender plenamente, sentir y vivir el conocimiento adquirido para conquistar la Armonía Interior, y que nuestra existencia transcurra en un estado de Armonía Interior plena, de felicidad serena y permanente. Se trata de llevar a cabo todas y cada una de las prácticas aquí sugeridas, día tras día, para ir gradualmente espiritualizando nuestra existencia. Son ejercicios sencillos pero poderosos, y mediante su realización cotidiana persistente, estaremos conquistando la anhelada Armonía Interior.

Recuerde amable lector, que nada de lo aquí expuesto es materia de fe. Sólo es una invitación a que reflexionemos y unamos nuestras voluntades para construir un mundo mejor, cambiando nosotros mismos. Para ello, tome una por una las insinuaciones presentadas en esta obra, sométalas a prueba y verifique por sí mismo su validez. Es la manera científica de comprobar cualquier conocimiento. Somos muchas las personas en todo el mundo, que hemos hecho esta clase de verificaciones y hemos podido comprobar que mediante la aplicación de estos principios a nuestra vida, hemos podido conducirla por senderos de felicidad, amor y armonía, y con ello hemos contribuido a que otros modifiquen positivamente sus conductas. Si las enseñanzas permanecen en los libros, o sólo en nuestra memoria como una información más, carecen de valor; pero cuando son asimiladas y practicadas, podemos saber de verdad, y ser mejores.

Que la Divinidad ilumine sus caminos por la senda de la bondad, la belleza y el bien. Paz, amor y armonía a todos.

Resumen

La mejor guía en nuestro desarrollo evolutivo proviene de nuestro Ser Interior, que nos habla en forma de intuiciones. Cuando sentimos desazón y angustia sin saber porqué, seguramente sea Él intentando inducirnos hacia el sendero del perfeccionamiento, hacia el camino de la evolución positiva. Cuando escuchamos y atendemos su voz silente, nos insta a transitar por el sendero del bien, de la armonía y el amor. Él nos hace notar cuando vamos a tomar decisiones equivocadas, indicándonos el camino correcto. Pero como la decisión es nuestra, a menudo tercamente nos vamos por el sendero opuesto. Aprendiendo a contactar con esta voz silenciosa que mora en nuestra interioridad, nos enrrutamos por la senda que conduce a la Armonía Interior.

Notas

1 Gunther, Herbert V - Abra su mente (Introducción)

2 Lewis, Ralph M - El Santuario del Ser

3 Corbera, Enric - El arte de desaprender

4 Rojas Romero, Israel - Tres palabras claves

5 Millman, Dan - Inteligencia espiritual

6 Rojas Romero, Israel - El Espiritualismo y la Evolución

7 Quintero, Iván Darío - La Divina Kabalah

8 Quintero, Iván Darío - El árbol de la vida y el árbol del conocimiento

9 Quintero, Iván Darío - La naturaleza humana

10 Quintero, Iván Darío - El Ego, el gran alquimista

11 Mello, Anthony De - Autoliberación Interior

12 De Mello, Anthony - Despierta

13 Trine, Rodolfo Waldo - En Armonía con el Infinito

14 Rojas Romero, Israel - Manual Rosacrucista

15 Tulku, Tarthang - Abra su mente

16 Mandino, Og - El vendedor más grande del mundo

17 Irala, Narciso, S J - Control cerebral y emocional

18 Chopra, Deepak - Las Leyes Espirituales del éxito para Padres

19 Quintero, Iván Darío - Cristianismo místico esotérico

20 Paracelso, El Secreto de la Vida, citado por Corelli, Miss Mary - El Castillo de Aselzion

21 Quintero, Iván Darío - La bipolaridad eterna

22 Rojas Romero, Israel - Logosophía

23 Aivanhov Omraam, Mikhael - El libro de la magia divina

24 Krumm-Heller, Arnold - Rosa Esotérica

25 Icke, David - Soy yo, soy libre

26 Helminski, Kabir Edmund - Presencia viva

27 Heindel, Max – Concepto Rosacruz del Cosmos

28 Dispenza, Joe - Deja de ser tú

29 Quintero, Iván Darío - La Serpiente del Paraíso
30 Fortune, Dion – Filosofía oculta del Amor y del Matrimonio
31 Lorenz, Konrad - Decadencia de lo humano
32 Quintero, Iván Darío - El sentido espiritual de la Alquimia
33 Anónimo - Conocimiento del Ser en profundidad
34 Quintero, Iván Darío - Símbolos de la Navidad

Bibliografía

Anónimo - Conocimiento del Ser en profundidad

Chopra, Deepak - Las Leyes Espirituales del éxito para Padres

Corelli, Miss Mary - El Castillo de Aselzion

Fortune, Dion - Filosofía oculta del Amor y del Matrimonio

Heindel Max - Concepto Rosacruz del Cosmos

Icke - Soy yo, soy libre

Irala, Narciso, S J - Control cerebral y emocional

Krumm Heller, Arnold - Rosa Esotérica

Lewis, Ralph M - El Santuario del Ser

Mello, Anthony de - Autoliberación Interior

Mello, Anthony de - Despierta

Millman, Dan - Inteligencia espiritual

Paracelso - El Secreto de la Vida

Quintero, Iván Darío - Cristianismo

místico esotérico

Quintero, Iván Darío - El árbol de la vida y el árbol del conocimiento

Quintero, Iván Darío - El Ego, el gran alquimista

Quintero, Iván Darío - El sentido espiritual de la Alquimia

Quintero, Iván Darío - En busca de la felicidad

Quintero, Iván Darío - La bipolaridad eterna

Quintero, Iván Darío - La Divina Kabalah

Quintero, Iván Darío - La naturaleza humana

Quintero, Iván Darío - La Serpiente del Paraíso

Quintero, Iván Darío - Símbolos de la Navidad

Rojas Romero, Israel - El Espiritualismo y la Evolución

Rojas Romero, Israel - Manual Rosacrucista

Rojas Romero, Israel - Tres palabras claves

Trine, Rodolfo Waldo - En Armonía con el Infinito

Tulku, Tarthang - Abra su mente

Otras lecturas sugeridas

Atkinson, William – El poder regenerador

Singer, Blair - La Vocecita

Coué, Emile - El dominio de sí mismo

Dyer, Wayne – Los regalos de Eykis

Hara, O H – Curso de Magnetismo Personal

Kempis, Tomás de – Imitación de Cristo

Larrañaga, Ignacio - Del sufrimiento a la paz

Lewis, Ralph M - El Santuario del Ser

Marden, Orison Swett - El poder del pensamiento

Rojas Romero, Israel – El secreto de la salud y la clave de la juventud

Tolle, Eckhart - El Poder del Ahora

Torres, Adolfo – La Llave de la Vida y el Éxito

Tres Iniciados – El Kybalión

Valle Inclán, Ramón del - La Lámpara Maravillosa